중국 대학생의 창업접촉과 창업의향

중국 대학생의 창업접촉과 창업의향

覃永华
Qin Yonghua

고두미

책머리에

혁신 주도 발전 전략이 중심이 되는 현실 속에서 창업은 경제 활력을 촉진하고 취업 경로를 확장하는 핵심이 되었다. 전문 지식을 보유하고 혁신 정신이 풍부한 대학생의 창업 의지와 실천은 개인의 가치 실현과 관련이 있을 뿐만 아니라 지역 경제와 사회 발전에도 의미가 있다. 중국 서남의 소수민족 지역은 독특한 자원과 '일대일로' 구상의 지리적 이점을 바탕으로 창업·혁신의 새로운 땅으로 부상하고 있으나, 해당 지역 대학생 창업은 참여율이 저조하고 성공 사례가 적으며 자원이 취약한 등 현실적인 난제에 직면해 시급한 해결을 요구하고 있다. 본 책에서는 광시(广西) 소수민족 지역 대학생에 초점을 맞추어 창업 접촉과 창업 의향의 관계를 핵심으로 삼아 '창업 접촉 → 창업 정체성 → 창업 의향'이라는 이론적 틀을 구축하고, 조절 변수를 도입함으로써 대학생의 창업 현상을 이해하는 데 새로운 시각과 실증적 근거를 제공하고자 한다.

본 책의 가치는 다음과 같다.

첫째, 연구 시각의 혁신성과 대상의 특화성이다. 기존의 창업 연구는 주로 경제 발달 지역에 집중되었기에 소수민족 지역에 대한 관심이 부족했다. 이를 개선하기 위해 본 책에서는 다민족이 거주하고 정책적 수혜와 발전 잠재력을 동시에 지닌 광시라는 지역의 특징을 정확하게 분석함으로써 관련 연구의 공백을 메우는 역할을 했다. 필자는 전통적인 외부 환경이나 개인 특성 분석에 머물지 않고, '접촉'이라는 기초적 단계에서 출발하여 창업 접촉을 직접 접촉과 간접 접촉으로 세분화하고, 이를 통해 창업 정체성이 창업 의향에 영향을 미치는 내적 기제를 심층적으로 분석하며, 가족 지지의 조절 효과와 조절된 매개 효과를 체계적으로 검증함으로써 창업 분야 이론 체계를 풍부하게 하였다. 이러한 다차원적 연구 설계는 '창업 접촉이 어떻게 창업 행동으로 전환되는가'라는 핵심 명제에 응답하면서도 소수민족 지역의 문화적 배경과 가족 관념이 창업 결정에 미치는 독특한 영향을 밝혀, 창업 이론의 현지화 발전에 중요한 보완을 제공한다.

둘째, 실천적 측면에서 본 연구는 지도적 가치를 가진다. 776부에 달하는 유효 표본에 대한 실증 분석을 통해 저자는 창업 접촉(직접 창업 실천과 간접적인 모델 제시)이 대학생의 창업 의향 제고에 긍정적 역할을 한다는 점을 확인하고, 창업 정체성의 매개 가치와 가족 지지의 강화 효과를 명확히 했다. 이는 정부, 대학, 가정 세 주체가 협력하여 대학생 창업 사업을 추진하는 데 명확한 경로를 제공했다. 정부는 창업 지원 정책을 최적화하고 소수민족 지역의 창업 자원 공급을 강화하였으며, 대학은 창업 관련 강좌 개설, 창업 성공자 초청 강연, 실습·실천 플랫폼 구축 등을 통해 학생들의 창업 접촉 경로를 풍부하게 했고, 가정은 전통적 취업 관념을 전환하여 자녀들에게 더 많은 정서적 지지와 자원적 보장을 제공했다. 이러한 제안들은 광시 지역의 발전 현실에 부합하며, 대학생 창업의 어려움을 어느 정도 해결할 수 있고, 민족 지역 청년의 창업 활력 고취와 지역 경제 균형 발전 촉진을 위한 실현 가능한 방안을 제공할 수 있다.

셋째, 학술 연구의 의의는 시대적 명제에 응답하고 현실 문제를 해결하는 데 있다. 이 저서는 소수민족 지역의 독특한 맥락에 토대를 두고, 엄격한 실증 연구 방법과 체계적인 이론 구축, 실천적인 제안을 통해 대학생 창업 연구에 소중한 현지화 성과를 추가했다. 이는 창업 의향 형성 메커니즘에 대한 이해를 심화시키는 동시에 소수민족 지역 청년 창업을 촉진하고, 향촌 진흥과 지역 조화 발전을 돕는 중요한 학술적 지지와 실천적 지침을 제공할 수 있다.

마지막으로 이 책의 출판은 학계가 소수민족 지역 대학생 창업 문제에 더 많은 관심을 갖고, 관련 정책 입안자, 대학 교육 종사자 및 창업 실천자들에게 유익한 참고 자료를 제공할 것이며, 더 많은 연구자가 이 방향을 따라 민족 지역 창업·혁신 사업에 지혜와 힘을 모으기 바란다.

아울러 이 책의 출판을 위해 원고를 번역하고 교정해 주신 광시사범대학교 한국어학과 조영임 교수님과, 부족한 원고가 빛을 볼 수 있게 물심양면으로 도움을 주신 도서출판 고두미의 유정환 대표님께 심심한 사의를 표한다. 또한 공부하는 동안 묵묵히 인내하며 가장의 빈자리를 대신하여 가정을 이끌고 두 자녀를 잘 키워 준 아내와, 그동안 씩씩하고 건강하게 잘 커 준 아들과 딸에게도 감사의 인사를 전한다.

2025년 가을, 구이린(桂林)에서

覃永华(Qin yonghua)

차례

제1장 소개

제2장 문헌 검토

제4장 연구 설계

제5장 데이터 분석 및 가설 검증

제6장 결론 및 시사점

제1장 소개

1.1 연구 배경

현재 창업 정신은 국가 및 지역의 경제 발전에 가장 중요한 원동력이며 지속 가능한 발전을 달성하기 위한 동력이기도 하다. 사업을 시작하는 것은 단순한 일이 아니며, 단일 과정도 아니다. 창업 정신은 혁신, 창조, 결합, 개혁 등의 요소가 하나로 결합된 것이다. 한편으로는 창업 정신이 사회 경제의 안정적이고 질서 있는 발전을 촉진할 수 있다. 다른 한편으로는 사회와 개인에게 상당한 고용 기회를 제공하기도 한다. 따라서 창업 정신은 경제 발전을 촉진하고 고용 문제를 개선하는 가장 좋은 방법 중 하나로 간주된다(Gorman 외, 1997).

국가 간 경제 성장률에는 차이가 있다. 레이놀즈Reynolds 외(1999)는 창업 정신이 그 차이의 30%를 설명할 수 있다고 지적한 반면, 자카라키스Zacharakis 외(2000)는 이 수치가 50%에 달한다고 믿었다. 뷰겔스디크Beugelsdijk 외(2002)는 창업 활동과 지역 경제 성장률 사이에는 매우 밀접하고 강력한 관계가 있다고 언급했다. 아우드레치Audretsch와 튀릭Thurik(2000)은 1984년부터 1994년까지 23개 OECD 회원국을 대상으로 후속 조사를 실시했다. 그 결과 창업 정신은 실업률을 낮추고 고용 수준을 향상시킬 수 있는 것으로 나타났다.

대학생은 전문 지식이 풍부하고 새로운 것을 기꺼이 받아들이며 모험 정신과 용기를 가지고 있으며, 혁신과 창업 정신에 대한 강한 의식과 능력, 욕구를 가지고 있다. 대학생은 청년층의 창업 정신 참여의 중추이며, 창업 정신 주도의 고용 실현에 중요한 영향을 미친다. 또한 대학생은 혁신 발전 전략의 구현에 여전히 가장 중요한 대상이다. 전반적으로 대학생들이 창업을 적극적으로 장려하고 지원하는 것은 국가 혁신 시스템의 전략적 구성 요소다. 대학생의 창업 정신은 다양한 측면에서 더 많은 관심을 받아야 한다. 중국은 현재 경제 균형 전략을 추구하고 서부를 적극적으로 개발하고 있다. 그러나 대학생들의 창업 분야는 쉬운 일도, 지속적인 과정도 아니며, 복잡하고 다양하며 오랜 시간이 걸리는 역동적인 발전 과정이다. 예를 들어 교육, 경제, 사회 환경 및 인구 통계적 요인 등 많은 요인에 영향을 받는다.

창업 의향은 개인의 창업에 대한 중요한 예측 변수다. 대학생의 창업 의향에 대한 이전 연구는 비교적 풍부하지만, 요약하자면 대부분의 연구는 창업 분위기, 사회 경제 및 문화적 환경과 같은 외부 요인과 관련이 있다는 것이 밝혀졌다(Dash, 2010; Gartner, 1985; Thornton 외.; Casson, 1995, 2012). 그러나 연구 주제가 지속적으로 풍부해짐에 따라 창업 의향을 연구하는 관점은 더욱 다양하고 포괄적으로 변화하고 있다. 연구는 더 이상 외부 요인에 국한되지 않고 개인 수준으로 확장되었다. 성격 특성, 인지 수준 및 정서적 요인과 같은 다양한 개인적 특성이 창업 의향에 미치는 영향에 대해 광범위하고 심층적인 연구와 탐구가 수행되었다(Gartner , 1988; Ajzen, 1991; Shaver, 1995; Kruger et al., 2000; Delmar, 2000).

창업 접촉은 개인의 삶의 과정에서 창업 경력 지식을 축적할 수 있는 다양한 경험의 집합체다(Linan, 2011). 최근에는 창업 분야의 연구자들로부터 점점 더 많은 관심을 받고 있으며 개인의 창업 심리적 경향의 생성을 자극할 수 있다고 믿어진다(Krueger, 1993; Crant, 1996; Matthews & Moser, 1995; Liñ; Nauta & Kokaly, 2001). 직접적인 창업 접촉은 개인에게 더 많은 보이지 않는 명시적 지식을 제공하고, 개인이 창업 역할에 익숙해지도록 돕고, 더 넓은 사회적 네트워크와 접촉하고 긍정적이고 성공적인 시도를 경험할 수 있도록 한다.

창업 접촉이 창업 의향에 어떠한 영향을 미치는가에 대한 대부분의 초기 연구는 직접 효과 모델을 채택했다. 그러나 얻은 연구 결과는 일관성이 없다(Chlosta et al., 2010; Shook et al., 2003). 일부 연구에서는 창업 접촉이 있는 개인이 더 높은 창업 의향을 보인다는 것을 보여주었지만 (예: Crant, 1996; Matthews & Moser, 1995; Autio, 2001; Mueller, 2014), 다른 연구에서는 이러한 견해를 지지하지 않았다(예: Gird & Bagraim, 2008; Kolvereid & Isaksen, 2006; Kautonen et al., 2010; Matthews & Moser, 1995). 직접 효과 모델의 불확실한 결과를 극복하기 위해 일부 연구자들은 간접 효과 모델을 사용한다. Liñan & Chen(2009)은 TPB의 태도 변수를 통해 창업 접촉이 창업 의향에 미치는 일련의 영향을 탐구했다. 그 연구 결과를 보면 창업 접촉은 개인의 창업 태도에 긍정적인 영향을 미치지만 주관적 규범과 지각된 행동 통제에는 유의미한 영향을 미치지 않는 것으로 나타났다. 창업 접촉의 양과 질을 고려할 때 Peterman & Kennedy(2003)는 창업 접촉이 누적되지 않는다는 것을 발견했다. 따라서 창업 접촉이 창업 의향에 어떤 영향을 미치는지에 대한 명확한 결론은 없으며, 기존 문헌은 여전히 매우 다른 그림을 제시하고 있다.

창업 정체성은 자신을 창업가로 간주하는 개인의 심리적 상태, 창업 경력에 참여하려는 개인의 심리적 헌신, 그리고 창업 정체성 가치와 관련된 활동에 참여하는 심리적 상태를 말한다. 창업 정체성은 잠재적 창업가들에게 매우 중요하다(Murnieks & Mosakowski, 2007; Hoang & Gimeno, 2010). 개인의 창업 정체성 변화 과정은 어느 정도까지는 창업 의향의 생성을 촉진할 것이다. 그러나 아직 충분히 연구되거나 적용되지 않은 새로운 연구 분야이지만, 학자들에 의해 그 중요성이 인식되어 창업 연구의 다섯 번째 운동으로 알려져 있다(Fletcher, 2003).

광시 소수민족 지역의 대학생들에게는 가족 요인이 특별한 영향을 미친다. 광시 지역 대학생 중 경제적 어려움을 겪는 가정 출신 학생의 비율은 28.3%에 달할 정도로 상대적으로 높다. 이러한 학생들은 가정의 경제적 여건으로 인해 관심과 전문성이 부족한 경우가 많으며, 심리적 압박을 더 많이 받는 경우가 많아 창업과 관련된 위험을 감수하려는 경향이 적다(王俊艳, 2018). 가족의 취업 이념에서 자녀는 가난하고 낙후된 농촌을 떠나거나 공무원과 같은 안정적인 직업을 가져야 한다고 기대한다(吴明林,2018). 가족의 식습관, 노동, 생활 습관의 특수성은 아이들이 독특한 사회적 성격을 형성한다. 예를 들어, 그들은 정직하고 근면하지만 동시에 보수적이고 소심하다(吴明林, 2018).

가족 지원은 부모와 다른 가족 구성원들이 정서적 지원, 제안 및 자원 제공 등 다양한 방법을 통해 제공된다(Friedman, 2000). 정서적 지원은 외로움을 줄이고 창업의 동기, 자신감 및 인식을 향상시킬 수 있으며(Baruch-Feldman, Brondolo & Ben, 2002), 가족 구성원 간의 의사소통도 더욱 효율적이다(Hoffman et al., 2006).

가족 자원 지원은 아직 사회에 발을 내딛지 않은 대학생들에게 일반적으로 첫 번째 옵션이다(Chand & Ghorbani, 2011). 또 다른 관점에서 보면 가족 구성원의 조언과 도움이 더 효과적이다(Jenning & McDougald, 2007). 따라서 가족 지원은 창업 심리와 창업 의향 및 행동에 긍정적인 영향을 미칠 것이다.

그러나 창업 접촉이 어떻게 심리적 성향으로 발전할까? 이 과정에서 개인의 창업 정체성이 영향력 있는 역할을 할까? 가족의 지원은 개인의 창업 의향의 발전에 어떤 영향을 미칠까? 이러한 질문에 좀 더 잘 설명하기 위해서는 정체성의 관점에서 시작하여 개인의 창업 의향 형성 메커니즘을 탐구하는 것이 필요하다.

이 논문은 창업 접촉 및 창업 의향 연구와 관련된 문헌 및 자료에 대한 포괄적이고 체계적이며 상세한 연구 및 탐구를 수행하고, 문헌을 정리하고 분류하였다. 문헌 검토를 통해 이전 연구에는 여전히 몇 가지 한계와 결함이 있음을 발견했다.

이러한 결함은 다음과 같다. 첫째, 이전 연구의 주요 초점은 기본적으로 개인의 특성, 사회적 환경 및 창업 정책과 같은 외부 요인에 있었다. 창업 접촉이 창업 과정에 미치는 영향에 대한 연구는 다양한 관점의 이론이 부족하다. 향후 보다 심층적인 연구와 탐구가 필요하다. 둘째, 일부 연구는 태도, 능력, 정서적 요인 분석을 바탕으로 창업 의향의 전달 메커니즘을 목표로 하고 있지만, 창업 정체성이 개인의 창업 의향으로 전달되는 것을 분석한 연구는 없다. 셋째, 기존 연구는 창업 의향과 그 선행요인 사이에 영향을 미칠 수 있는 변수를 탐구하지 않았다. 따라서 향후 연구를 수행할 때 이러한 요인에 대한 심층 분석이 필요하다. 넷째, 잠재적 창업 그룹인 대학생은 지식 축적, 가치 추구, 주관적 주도 측면에서 다른 그룹보다 더 많은 이점을 가지고 있다. 이러한 이점 때문에 대학생은 창업에 접촉된 후 창업에 대한 인식을 자기 정체성으로 내면화할 가능성이 더 높고, 따라서 창업에 대한 더욱 강력한 의지와 아이디어를 갖게 될 수 있다. 그러나 대학생은 아직 미숙하기 때문에 창업을 시작할 때 비합리적인 상황에 처할 가능성이 더 높다. 따라서 실제로 창업 접촉을 독립적인 창업 활동으로 전환한 대학생의 수는 여전히 매우 적다. 향후 연구에서는 대학생의 창업 의향에 영향을 미칠 수 있는 다양한 요인에 대한 심층적이고 포괄적인 연구와 탐구를 수행해야 할 것이다. 다섯째, 창업에 관한 기존 연구는 주로 경제적으로 발전한 지역에 초점을 맞춰 왔다. 저개발 지역, 특히 중국의 소수민족 지역에 대한 연구는 뚜렷하게 부족했으며, 광시 지역의 창업에 대한 연구는 더욱 적다. 광시좡족자치구는 중국 남서부 변경에 위치하고 있으며 소수민족이 밀집해 사는 지역이다. 중국-아세안 협력 전략의 교두보이자 중국의 "일대일로" 전략의 중요한 연결점이기도 하다. 따라서 광시좡족자치구 대학생의 창업 의향은 탐구할 가치가 있다.

전반적으로 창업 의향에 대한 기존 연구에는 여전히 많은 문제점과 한계가 있다. 이 논문에서는 특히 광시좡족자치구에 있는 대학생 그룹을 구체적인 연구 분석 대상으로 간주하고, 창업 접촉이 창업 의향에 미치는 영향과 작용의 구체적인 메커니즘에 대해 심층적인 연구 분석을 수행할 것이다. 이는 이론적으로 뿐만 아니라 실용적인 측면에서도 큰 기여를 할 것으로 생각한다.

1.2 연구 목적 및 목표

현재 중국 정부 기관, 사회 단체 및 대부분의 대학은 대학생들의 창업을 장려하고 지원하기 위해 많은 노력을 기울이고 있다. 정부의 관점에서 대학생들의 창업을 촉진하기 위해 일련의 우대 정책과 조치를 발표했다. 대학과 기업도 대학생들을 지원하고 돕고 있다. 예를 들어, 대학은 대학생들을 대상으로 한 창업 관련 이론 과정과 기술 훈련 과정을 개설하였으며, 기업들도 대학생들 사이에서 창업을 촉진하기 위한 조치를 취하고 있다.

그러나 다양한 방면에서 대학생들의 창업을 촉진하는 노력을 했음에도 불구하고, 창업에 참여하는 대학생의 비율은 여전히 상대적으로 낮다. 중국, 특히 광시 소수민족 지역의 현실적인 창업 문제, 즉 창업에 참여하는 대학생의 낮은 비율과 창업이 성공하지 못하는 높은 비율 등에 새로운 시각을 제공하기 위해 저자는 이 연구를 수행하였다.

이 연구는 대학생을 구체적인 연구 대상으로 삼아 창업 접촉이 창업 의향에 미치는 영향과 전환의 구체적인 메커니즘을 심층적으로 분석하였다. 이 연구는 이론뿐만 아니라 실용적인 측면에서도 큰 의의가 있을 것이다.

이 연구는 먼저 창업 의향에 관한 기존 문헌을 검토하고, 실증 연구 방법을 사용하여 대학생의 창업에 대한 정체성과 가족 지원의 역할을 연구할 것이다. 실제 연구 과정에서 이 연구는 정체성의 관점에서 대학생의 창업 의향에 영향을 미치는 관련 요인을 분석할 것이다. 이 연구의 주요 목적은 다음 세 가지 측면으로 논의할 수 있다.

첫째, 이 연구는 창업 접촉, 가족 지원, 창업의 정체성, 창업의 의향 등 여러 변수를 포괄하는 이론적 모델을 수립하고, 창업의 경영 이론과 정체성 이론을 모두 모델에 통합한 후 종합적인 연구 및 분석을 수행할 것이다. 창업의 의향에 대한 이전 연구에서는, 기본적으로 개인의 특성이 개인의 창업 행동에 큰 영향을 미치는 변수로 간주하였다. 그러나 창업 접촉에 관한 관련 실증 이론에 따르면, 개인의 과거 경험과 역할 모델의 영향력도 개인의 창업 행동에 큰 영향을 미친다고 한다. 이 연구는 창업 의향과 관련된 선행 연구 결과를 종합하고 이를 바탕으로 연구 결과를 도출한 후, 개인의 창업 의향에 영향을 미치는 다른 요인을 추가로 탐구하고 논의할 것이다.

둘째, 이 연구는 창업의 접촉과 창업의 의향 사이의 관계에서 창업 정체성의 매개 효과를 탐구할 것이다. 개인의 창업 의향은 외부 정보 자극과 개인의 인지적 내면화를 통한 진화 과정이다. 개인이 창업 접촉에서 심리적 성향으로의 전환을 실현하기 위해서는 자기 평가와 역할 인식이 핵심 예측 변수이다. 이러한 이유로 이 연구는 자기 정체성의 경로를 통해 창업 접촉이 개인의 창업 의향으로 전환되는 전달 메커니즘을 탐구하고, 창업 의향의 형성 경로에 대한 연구를 풍부하게 하는 데에 확고한 이론적 지원과 이론적 참고 자료를 제공하고자 한다.

셋째, 이 연구는 창업의 접촉이 창업 의향과 이 메커니즘의 다른 영향 요인에 미치는 영향을 탐구하고자 한다. 가족 지원의 조절 기능과 간접 효과를 분석하고 논의한다. 이 연구는 개인이 창업 접촉 환경에 있다면 창업 접촉 환경이 개인의 창업 의향을 크게 강화할 것이라고 믿는다. 또한 개인과 가족 구성원 간의 관계가 상대적으로 강하고 깊기 때문에 개인의 가족 관련 요인도 창업 의향의 최종 생성 과정에 중요한 영향을 미친다고 생각한다. 이러한 깊은 감정은 개인의 의향과 창업 행동에 도움이 된다. 이는 주로 가족 구성원이 개인의 창업에 대해 정서적 지원과 자원 지원을 제공할 수 있다는 사실에 반영된다. 창업의 외로움을 덜어주고, 동기 부여, 자신감 및 인식을 향상시키며, 창업 기회를 식별하는 능력을 향상시킬 수 있다.

따라서 이 연구는 가족 지원을 조절 변수로 취급하고 이 변수를 구축된 모델에 도입하고, 이 모델을 사용하여 창업 접촉, 창업의 정체성 및 창업 의향 간의 관계에 대한 가족 지원의 조절 효과를 테스트하고자 한다. 그런 다음 이를 기반으로 가족 지원의 조절 된 매개 효과 모델을 수립하여 창업 의향 형성에 있어서 가족 지원의 효과와 그 메커니즘을 보다 포괄적으로 탐구할 것이다.

1.3 연구의 의의

1.3.1 이론적 중요성

첫째, 이 연구는 창업 접촉이 창업 의향 형성에 미치는 영향과 그 구체적인 메커니즘을 창업의 정체성, 가족 지원 및 창업 의향 간의 관계의 관점에서 탐구함으로써 혁신적이다.

크루거(Krueger, 1993)는 인지된 실현 가능성과 바람직성을 매개 변수로 도입하여 창업 접촉이 창업 의향에 미치는 영향을 측정하였으며, 창업적 접촉 양이 인지된 실현 가능성에 유의한 영향을 미치지만 인지된 바람직성에는 영향을 미치지 않는다는 사실을 발견했다. 창업 접촉의 질은 창업 실현 가능성에 유의한 영향을 미치지만 바람직성과 관련해서는 유의한 영향을 미치지 않았다. 페터만과 케네디(Peterman & Kennedy, 1993)는 창업 접촉이 "추가"를 통해 창업 심리와 창업 의향에 영향을 미치지 않을 수 있다고 믿었다. 카와 세퀴라(Carr & Sequeira, 2007)는 가족 창업 접촉이 창업 자기 효능감의 매개 효과를 통해 창업 의향에 영향을 미친다고 제안했다. 자프카우, 슈웬스, 슈타인메츠, 캡스트(Zapkau, Schwens, Steinmetz & Kabst, 2015)는 창업 접촉이 창업 태도의 세 가지 차원, 즉 태도, 주관적 규범, 인지된 행동 통제를 통과한다는 사실을 발견했다.

정체성 이론에 따르면 모든 사람은 삶에서 다중 역할과 정체성을 가지고 있으며 동시에 여러 사회 집단에 소속감을 느낀다. 어떤 정체성이 "중요"하고 반복되면 정체성이 형성되고(Hogg 외, 1995), 관련된 의사 결정과 행동을 안내한다(Burke, 1991; Cast, 2004; Stets & Burke, 2000). 따라서 이 연구는 창업의 정체성 변수를 심층적으로 분석하여 창업 접촉이 창업 의향에 미치는 영향을 분석함으로써 관련 연구의 범위를 넓힌다. 또한 개인의 창업 의향과 관련된 연구에 더 많은 경로를 제공할 수 있다.

둘째, 이 연구는 창업 정신 연구에 새로운 시각을 제시할 것이다. 한편으로 이 연구는 창업 의향에 대한 독립 변수의 이론적 체계를 풍부하게 할 것이다. 다른 한편으로 이 연구는 창업 접촉이 창업 의도에 미치는 영향에 대한 관련 연구에 중요한 조건 변수를 제공할 것이다. 개인의 창업 의향 생성은 다른 사람들이 수행하는 창업 활동에 대한 개인의 인지와 평가에서 시작된다(Krueger, 2007). 가족 지원은 외부 조건에서 창업 활동에 대한 실제 인지를 연구하고 분석하는 또 다른 관점이다. 이런 식으로 개인의 창업 의향을 더 높은 각도와 더 넓은 수준에서 탐색할 수 있다. 이 연구는 가족 요인을 연구에 통합하고 가족 요인을 통합하여 연구 및 분석을 수행함으로써 가족 요인이 창업 의향 형성에 미치는 영향과 구체적인 메커니즘을 더욱 철저하게 탐색한다.

셋째, 이 연구는 대학생을 구체적인 연구와 분석 대상으로 삼았다. 이전 연구에서는 상대적으로 적은 수의 대학생이 창업 그룹으로 분석되었다. 이 연구는 창업 노출 연구에서 대학생 그룹의 이론적 분석 내용을 풍부하게 했다. 이 연구는 창업 접촉의 관점에서 대학생을 연구와 분석 대상으로 삼아 대학생의 창업 의향 형성에 대한 이론적 틀을 구축하고 이를 실증적으로 검증하였다. 이를 통해 창업 접촉이 창업 행동에 미치는 영향에 대한 이론적 연구의 내용이 풍부해졌고, 다른 한편으로는 관련 실증 연구가 포괄적이고 풍부해졌다.

1.3.2 실용적 중요성

첫째, 창업 접촉에 대한 연구는 인턴십과 실습에 더 많은 관심을 기울이고, 대학생들에게 창업 역할 모델의 주도적 역할을 충분히 발휘하며, 가족 요인을 조화시키고, 대학생들의 창업 의향의 질과 양을 향상시키는 데 관련 당사자들에게 시사점을 제공할 것이다. 대학생 창업 정신은 하나의 추세가 되었으며, 이는 국가와 지역의 경제 발전에 원동력이 될 것이며 혁신 경제의 발전이 보장될 것이다. 개방적이고 적극적인 창업의 사회적 분위기는 대학생들의 창업 잠재력과 창업 인식을 더욱 자극할 수 있다. 대학은 가족 및 기타 조직과 협력하여 창업 접촉의 내용을 풍부하게 하고 학생들이 다양한 창업 실습 활동에 적극적으로 참여하도록 안내해야 한다. 모든 당사자는 대학 캠퍼스에 창업 문화 분위기를 조성하기 위해 노력해야 하며, 이는 대학생들의 창업 열정을 극대화할 것이다.

둘째, 이 연구는 대학생들의 창업 환경을 지속적으로 개선하기 위한 채널과 아이디어를 확장할 것이다. 이 연구는 접촉, 정체성, 가족의 관점에서 대학생들의 창업 행동을 탐색하고 분석하는 것을 중요시하며, 이를 통해 대학생들이 다양한 창업 활동에 참여하도록 강력하게 권장하고 지원할 것이다. 이 연구는 대학생 그룹의 실제 상황과 구체적인 요구에 부합하는 창업 실습 플랫폼을 구축해야 할 필요성을 강조한다. 이렇게 하면 창업 의향과 아이디어를 가진 학생들에게 좋은 실습 기회를 제공할 수 있다. 이러한 실용적인 플랫폼의 구축은 사회, 기업, 정부, 대학 등 여러 요인의 힘을 결합해야만 완성될 수 있다. 다양한 측면에서 자금과 같은 기여를 하여 대학생들의 창업 활동 발전을 효과적으로 촉진할 수 있다. 대학은 창업 역할 모델의 가장 큰 힘을 발휘할 수 있는 활동을 조직할 수 있다. 예를 들어 대학은 정기적으로 유명하거나 대표적인 창업가를 초청하여 강연하고 대학생들과 소통할 수 있다. 대학생들이 창업 활동에 참여하거나 신생 기업에서 실습하도록 권장하는 것이 중요하며, 이를 통해 더 긍정적인 감정을 가질 수 있고 외부 동기 부여 요인을 내부 추진력으로 전환할 수 있다.

셋째, 이 연구는 대학생들의 창업 의향 비율을 높여 더 많은 창업 접촉이 창업 활동으로 전환될 수 있도록 노력할 것이다. 이를 통해 더 많은 대학생들이 창업 활동에 참여하도록 권장할 것이다. 현재 중국의 혁신 경제 발전과 건설은 중요한 시점에 있으며, 국가와 지역은 고용 문제 해결과 경제 발전을 촉진하기 위해 다양한 조치를 채택했다. 이러한 조치 중 가장 중요한 수단 중 하나는 더 많은 대학생들이 창업 활동에 참여하도록 유도하는 것이다. 따라서 대학생들의 창업 의향 발전에 영향을 미치는 요인을 다각도에서 심층적으로 연구하고 탐색해야 한다. 대학생 그룹이 자유로운 문화적 환경을 가질 수 있다면 이는 개인이 창업 활동을 더욱 깊이 있게 성찰하고 배울 수 있도록 도움을 줄 것이다.

넷째, 이 연구는 광시좡족자치구 대학생들을 대상으로 하며, 소수민족 지역의 대학생들에게 창업 실습을 안내하는 데 중요한 실질적인 기여를 하고, 소수민족 지역의 창업 주도 고용 및 경제 전략 실행에 대한 보다 구체적이고 명확한 방법과 노력 방향을 제시할 것이다.

1.4 연구의 주요 혁신

이 연구의 주요 혁신은 다음 네 가지 측면으로 요약할 수 있다.

첫째, 이 연구는 대학생을 연구 및 분석 대상으로 삼아서 연구 관점을 풍부하게 한다. 이전의 창업 관련 연구 대부분은 대학생의 창업에 미치는 창업 정책, 개인적 특성, 창업 태도 등의 요인에 초점을 맞추고 있다(Casson, 1995; Peng Zhengxia et al., 2012). 그러나 연구가 심화됨에 따라 경험, 개인적 인식, 정체성 형성 과정이 점차 주목받고 있다. 이 연구는 대학생의 내재적 요구에 기반하여 창업 의향에 영향을 미치는 창업 접촉의 구체적인 메커니즘을 체계적으로 탐구한다. 이를 통해 연구의 관점을 확장하고 대학생들의 창업을 장려하고 지원하는 데 강력한 이론적 지원을 제공한다.

둘째, 이 연구는 창업 정체성의 매개 효과를 혁신적으로 제안한다. 창업 정체성 요인은 창업 의향의 생성과 발전에 중요한 역할과 영향을 미친다. 현재 존재하는 연구들은 대체로 창업 의향의 실행에 미치는 창업 태도의 세 가지 차원, 즉 태도, 주관적 규범, 인지된 행동 통제(Zapkau, Schwens, Steinmetz & Kabst, 2015)와 자기효능감(Carr & Sequeira, 2007)을 조사하고 분석하고 있다. 그러나 이들은 창업 접촉과 창업 의향 간의 관계에 영향을 미치는 매개 변수로 창업 정체성을 탐구하지는 않았다. 이 연구는 창업 정체성을 창업 의향 연구 모델에 도입한다. 또한 창업 정체성이 창업 접촉과 창업 의향 간의 관계에 미치는 영향을 깊이 있게 연구하고 분석하여, 창업 접촉과 창업 의향 연구에 대한 보다 업데이트된 연구 관점을 제공한다.

셋째, 이 연구는 창업 의향에 관한 이론적 연구를 종합하고 "창업 접촉—창업 정체성—창업 의향"의 주요 연구 모델을 수립하였다. 그리고 정체성의 관점에서 창업 의향에 영향을 미칠 수 있는 요인들을 정리하고 종합적으로 연구하였다. 이는 연구의 사고를 확장하고 향후 연구에 대한 참고 자료를 제공한다.

넷째, 이 연구는 가족 지원의 조절 변수를 혁신적으로 도입하였다. 창업 접촉이 창업 의향에 미치는 영향은 다른 요인에 의해 불가피하게 영향을 받는다. 개인과 가족 구성원 간의 관계는 깊이 뿌리박혀 있다. 가족의 감정, 제안, 자원 지원은 창업가의 동기 부여, 자신감 및 인식을 향상시키고 창업 기회 인식 능력을 향상시킬 수 있으며(Jenning & McDougald, 2007), 창업 과정에서 스트레스와 부정적인 감정에 잘 대처할 수 있다(Baruch-Feldman, Brondolo & Ben, 2002). 따라서 이 연구는 가족의 관점에서 창업 의향에 대한 연구를 더욱 확장할 것이다.

1.5 논문의 구성

제2장: 문헌 검토

이 장에서는 창업 접촉, 창업 정체성, 가족 지원, 창업 의향의 네 가지 변수에 대한 문헌을 검토한다. 이 연구의 특성에 따라 관련 개념과 관점을 자세히 설명하고 적절한 연구 측정 방법을 선택한다. 이 연구의 다양한 변수 간의 관계를 정리하여 다음 연구 프레임워크의 이론적 기반을 마련한다.

제3장: 이론적 모델 및 연구 가설

이 장에서는 이 연구의 이론적 근거를 자세히 소개하고 이론적 프레임워크를 구축한다. 이 프레임워크의 독립 변수는 창업 접촉이며, 매개 변수는 창업 정체성, 조절 변수는 가족 지원이며 종속 변수는 창업 의향이다. 그런 다음 이론적 근거를 통해 다양한 변수 간의 관계를 도출하고 이에 상응하는 연구 가설을 제시한다.

제4장: 연구 방법

이 장에서는 기존의 권위 있는 문헌과 기존의 고전적인 척도를 검토하고 중국의 실제 상황을 결합하여 각 변수의 척도를 상세히 설명하고, 최종적으로 설문지를 작성한다. 이 설문지를 바탕으로 사전 조사와 정식 연구를 수행하고, 설문지의 신뢰도와 타당도를 분석하고 소개한다.

제5장: 데이터 분석 및 가설 검증

이 장에서는 설문지 데이터를 정리하고 샘플과 변수에 대한 기술 통계 분석을 수행한다. 샘플 정보에는 성별, 전공, 교육 등이 포함되며, 변수의 평균, 표준 편차, 분산, 첨도 등을 포함한다. 위의 정보를 명확히 한 후 각 변수의 신뢰도, 타당도, 공통 방법 편향을 구체적으로 검증한다. 마지막으로 요인 분석, 회귀 분석 등의 방법을 사용하여 가설을 검증하고 데이터 결과를 논의한다.

제6장: 논의 및 시사점

이 장에서는 이 연구의 결론을 자세히 설명하고, 이 결론에서 도출된 시사점을 소개한다. 또한 이 연구의 한계와 향후 연구 방향에 대해서도 언급한다.

제2장 문헌 검토

2.1 중국 광시좡족자치구의 경제와 창업에 대한 개요

중국의 9대 변방 중 하나인 광시좡족자치구에는 거라오, 수이, 이, 회이, 징, 마오난, 둥, 먀오, 야오, 한, 좡, 무라오 등 12개 민족이 살고 있다. 광시좡족자치구의 총인구는 4,960만 명이며, 소수민족의 비율은 이 지역 전체 인구의 37.18%에 달한다(李昭志 & 陈成燕, 2015). 광시의 현재 경제 상황과 교육은 선진 지역에 비해 상대적으로 뒤처져 있다. 그러나 광시는 중국의 "서부 개발" 프로젝트의 주요 지역이다. 아세안과의 공동 협력을 위한 사다리일 뿐만 아니라 "일대일로"의 핵심 연결 지역이기도 하다. 중국의 발전 과정에서 대체할 수 없는 위치를 차지하고 있다.

광시좡족자치구에는 20개의 일반 대학교, 8개의 독립 단과대학, 41개의 전문대학이 있다. 2019년 중국에서는 다양한 유형의 대학 졸업생 834만 명이 배출되었으며, 이 중 광시 대학 졸업생은 25만 명으로 모두 새로운 기록을 세웠다(http://www.gxedu.gov.cn/Item/20212.aspx). 광시의 취업은 큰 도전에 직면해 있다.

광시는 중국에서 상대적으로 개발이 덜 된 지역으로 도시 간에 큰 차이가 있다. 한편으로는 기업들이 우수한 인재를 찾는 데 어려움을 겪고 있고, 다른 한편으로는 신규 졸업자들이 좋은 일자리를 찾는 데 어려움을 겪고 있다. 왕 리쥐안(汪丽娟, 2019)은 광시의 대학 졸업생들이 취업에 어려움을 겪는 이유에는 여러 가지가 있다고 했다. 첫째, 중국 동부의 번영 지역에 비해 모든 신규 졸업생에게 좋은 일자리를 제공할 수 없다. 이는 지식을 통해 개인의 운명을 역전시킬 것으로 기대하는 많은 학생들에게 문제를 야기했다. 둘째, 학생들이 더 나은 성장 기회를 찾아 산촌을 떠나 대도시에 직장을 마련하기를 기대하고 있는데, 이는 업무 갈등을 더욱 자극하고 있다. 셋째, 불균형한 발전으로 인해 빈부 격차가 크기 때문에, 가난한 많은 대학생들이 취업에 있어서 더 불리한 위치에 놓이게 된다.

광시의 많은 대학생들은 농촌이나 산간 지역 출신이기 때문에, 그들의 목표는 더 좋은 일자리를 찾아 대도시로 나가는 것이다. 이러한 심리적 압박감 속에서 신규 졸업생들은 도시에서 취업하기를 기대하지만, 현실적으로는 그들 모두에게 이러한 희망을 줄 수 있는 방법이 없으며, 이는 다시 그들에게 많은 심리적 압박을 가한다.

동부 지역에 비해 광시의 경제와 무역은 대규모 산업의 지원을 받지 못하고 있으며, 이로 인해 대학과 기업이 협력하여 학생들에게 충분한 실습 장소를 제공하는 것이 불가능하다. 경제가 저개발되었다는 것은 교육이 보수적이고 하드웨어 장비, 소프트웨어 장비 및 최신 교육 자료가 부족하다는 것을 의미한다. 이로 인해 해당 지역의 시장 경제가 번영하지 못하고 창업 분위기가 침체될 수 있다. 창업은 충분한 창업 자원, 좋은 창업 환경 및 필요한 지원 정책 등 많은 지원이 필요하다. 따라서 광시의 저개발 지역에서 창업을 촉진하는 가장 중요하고 근본적인 이유는 자원 지원의 부족이다.

광시의 모든 기관은 졸업생들에게 투자, 세금 및 행정 서비스 등 다양한 측면에서 창업 지원을 제공하기 위해 일련의 편의 정책을 연속적으로 발표하여 점점 더 많은 대학 졸업생들이 창업 활동에 참여할 수 있도록 장려하고 있다. 루오 진메이(罗金梅, 2013)는 광시가 2009년에 "광시 소액 보증 대출 시행 및 관리 방안" 법률과 규정을 발표한 후 다양한 대학을 졸업한 학생들이 창업을 위한 신용 대출에 대한 지원 전략을 강화했다고 밝혔다. 학생들이 광시에 있는 한, 어디에서 창업하든 신용 대출을 신청할 수 있다. 광시는 2010년부터 "대학생 창업 선도 계획"도 시행하고 있다. 정책적으로는 졸업생들이 자신의 사업을 시작할 수 있도록 돕고, 창업 시 졸업생들이 직면하는 어려움을 지원하는 효율성을 강화한다. 또한 상무부와 산업부는 일련의 조치("졸업생 창업 기금", 무료 회사 등록 및 창업 보조금)를 발표했다. 이러한 조치로 대학생들이 자신의 사업을 시작할 수 있는 유리한 조건이 조성되었고 창업 과정에서 많은 어려움이 해결되었다. 다양한 상무 및 산업 부서가 대학생들의 창업을 장려하기 위해 자원을 창출하기 위해 노력하고 있지만, 실제로 창업을 하는 대학생은 많지 않으며, 이는 다른 선진 지역의 대학생 비율에 크게 못 미친다.

이전 연구에서는 대학생의 창업 범위가 모두 경제적으로 발전한 동부 지역인 Pearl River Delta와 Yangtze River Basin에 집중되어 있었고, 서부 중국(石化玉, 2017), 특히 광시좡족자치구에 대한 관심은 적었다. 소수민족이 모여 사는 남서부 지역인 광시는 천연 에너지가 풍부하고 발전 가능성이 크다. 그러나 열악한 지리적 조건과 조화롭지 않은 산업 구조 등의 요인으로 인해 전반적인 경제 발전이 뒤처지고 있다. 이러한 복잡한 상황에서 가장 중요한 것은 창업을 통해 고용을 창출하고 지역 경제 번영을 촉진하는 것이다.

광시의 경제는 상당히 발전했지만, 전반적으로 총 규모가 크지 않고 대규모 기업이 많지 않으며, 산업화 수준은 전국 평균보다 10% 낮고, 국가 소유 경제의 비중이 상대적으로 크며, 민간 경제는 아직 완전히 발전하지 못했다(钟启泉, 2007). 광시의 과학기술 혁신은 전반적으로 취약하다. 현지인이 설립한 첨단 기술 기업은 상하이와 선전 증권 거래소에 상장되는 경우가 드물며, 지역 경제 발전에 기여하는 능력은 상대적으로 낮다(黄初升, 2015). 창업을 통한 민간 경제의 발전은 광시의 경제 발전에 도움이 된다(钟启泉, 2007). 광시의 대학생 창업은 농촌 지역 농업의 발전 방식을 개혁하고, 단일성에서 다양성으로의 발전 유형을 변화시키며, 농촌 지역 생산성을 향상시킬 수 있다(熊浩 & 张小方, 2018). 광시의 대학생 창업은 고향의 경제 번영과 발전을 촉진할 뿐만 아니라 자신의 부를 이루는 데에도 도움이 된다. 또한 소수 민족 문화 자원의 개발과 활용을 촉진하는 데에도 큰 의미가 있다(夏仕武 & 张明明, 2020).

2.2 창업 의향

2.2.1 창업 의향의 정의 및 내포

'의향'이란 개인이 의식적으로 어떤 활동에 참여하고자 하는 전제와 동기를 말하며, 의향은 또한 개인이 행동 목표를 달성하고자 하는 인지 상태이기도 하다(Bratman, 1988; Conner & Armitage, 1998). 일부 연구자들은 의향이 행동을 예측하는 가장 효과적인 지표 중 하나라고 제안한다

(Bagozzi & Yi, 1990). 버드(Bird, 1988)는 창업 의향이 개인의 주의를 특정 창업 목표 또는 창업 발전 경로로 이끄는 정신 상태이며, 구체적인 창업 아이디어를 행동으로 옮기려는 의지가 있는 상태라고 하였다. 이는 역동적인 심리적 과정이다. 반면에 아즈젠(Ajzen, 1991)은 창업 의향이 개인이 특정 창업 행동을 수행하기 위해 노력하려는 의지이며, 심리적 표현이라고 하였다. 크루거(Krueger, 1993)는 창업 의향이 새로운 회사를 설립하려는 목표에 대한 개인의 심리적 헌신의 정도라고 제시했다. 그러나 크루거, 라일리, 카스루드(Krueger, Reilly & Carsrud, 2000)는 후속 연구 성명에서 창업 의향을 창업의 특성을 가지는 정도와 심리적 상태로서 창업 활동에 대한 개인의 주관적인 내적 태도라고 재정의했다. 골위처(Gollwitzer, 2006) 등은 창업 의향이 창업가가 목표 단계와 실행 단계에서 가지는 서로 다른 인지 상태를 의미한다고 주장했다. 이 두 단계에서의 인지 상태의 직접적인 발현은 목표 의향과 실행 의향이다. 시걸과 판(Siegel & Phan, 2005) 등은 창업 의향이 개인이 자신의 사업을 시작하기로 선택할 가능성과 관련이 있다고 언급했다. 수이타리와 제르비나티(Souitaris & Zerbinati, 2007) 등은 창업 의향이 본질적으로 마음의 상태, 즉 개인의 주의와 행동을 비조직적 고용 상태로 전환하는 것이라고 믿었다. 톰슨(Thompson, 2009)은 창업 의향 연구에 관한 이전 문헌을 조사하고 요약하며, 창업 의향은 개인이 새로운 회사를 설립할 계획을 세우고 그 계획을 행동으로 옮기려는 의지를 의미한다고 제시했다. 이 욕구는 다른 요인의 영향을 받아 강화되거나, 혹은 약화되거나 변경되거나 사라질 수 있다.

정리하면, 일부 학자들은 창업 의향의 의미를 정의하고 연구하면서 창업 의향이 계획과 행동을 구현하려는 경향에 초점을 둔다. 또한 창업 의향은 창업의 전제 조건 중 가장 중요한 측면을 포함한다. 다른 학자들은 창업 의향이 창업 결정을 지원하고 촉진하는 데 중요한 의미가 있다고 하였다. 요컨대, 모든 학자들은 창업 의향이 주관적인 특성이라고 언급했다. 대학생의 창업 의향은 실제로 상대적으로 복잡한 사고 과정이며, 창업가의 태도와 인식과 매우 밀접한 관련이 있다. 창업 의향은 창업의 첫 단계(Bird, 1988; Krueger & Carsrud, 1993)이며, 창업 행동과 같은 계획된 행동의 가장 좋은 예측 변수다(Bagozzi, Baumgartner, & yi, 1989; Kim & Hunter, 1993). 창업 의향을 연구하는 것은 시장성 있는 제품과 서비스 혁신이 새로운 기업으로 이전되고 새로운 고용 기회가 창출되는 것을 이해하는 데 중요한 도구이다(Zhao, Seibert, & Hills, 2005).

따라서 이 연구는 이전의 관련 연구를 요약하고 창업 의향을 다음과 같이 정의한다. 개인이 창업 활동에 참여하는 핵심적인 행동 요소가 창업 의향이다. 또한 이것은 창업 활동의 원활한 진행을 예측하는 핵심 요소이다.

2.2.2 창업 의향의 고전적 모델

창업 의향에 관한 이전 연구는 매우 풍부한 결과를 얻었다. 기존 문헌에 따르면, 창업 연구 분야에서 창업 의향 연구 모델을 기반으로 한 영향력 있는 모델은 6가지가 있다. 그것은 (1)합리적 행동 모델(Fishbein & Ajzen, 1975), (2)창업 이벤트 모델(Shapero, 1982), (3)창업 아이디어 구현(Bird, 1988), (4)계획된 행동 이론(TPB)(Ajzen, 1991), (5)창업 잠재력 모델(Krueger & Brazeal, 1994), (6)상황별 창업 의향 모델(Elfving, 2008)이다.

(1)합리적 행동 모델

합리적 행동 이론(TRA)은 피쉬바인Fishbein과 아즈젠Ajzen이 1975년에 제시한 이론이다. 이 이론은 개인의 행동 의향이 개인의 주관적 규범적 사고와 행동적 태도와 밀접한 관련이 있다고 믿는다. 개인의 의향은 대체로 개인의 행동을 잘 설명할 수 있다. 태도는 개인의 행동 활동에 대한 감정적 수준을 나타내며, 주관적 규범은 개인에게 큰 의미가 있는 현저한 개인이나 그룹에 대한 개인의 인식을 의미한다. 이러한 종류의 합리적 행동 모델은 행동 태도와 주관적 규범적 사고의 유기적인 결합이다. 이 모델 이론에 따르면, 개인은 완전히 합리적이라고 주장한다. 그러나 실제로 완전히 합리적인 사람은 없으며, 주변 환경에 많거나 적게 영향을 받게 된다. 따라서 이 모델의 실용적인 적용과 적응력은 추가적인 검증이 필요하다.

(2)창업 이벤트 모델

창업 이벤트 모델(EE)은 쉐이퍼로Shapero가 1982년에 제시한 이론이다. 이 이론은 개인의 욕구 인식, 실현 가능성 인식 및 행동 경향이 창업 의지에 큰 영향을 미치는 세 가지 요인이라고 믿는다. 욕구 인식은 개인이 창업 활동의 이점을 인식하고 인식하는 정도를 말한다. 가장 직접적인 체계는 개인이 감정적인 수준에서 회사를 설립하는 것을 선호하는 것이다. 실현 가능성 인식은 창업에 대한 개인의 자기 효능감을 의미한다. 이것은 자신의 능력을 효과적으로 평가하고 측정하는 것이다. 행동 경향은 개인이 행동 결정에 대한 선호도의 정도를 반영한다.

이 모델은 창업 행동에 대한 개인의 통제 능력과 자기 능력에 대한 평가가 매우 중요하다고 믿는다. 잠재적 창업가가 기회를 만나면 자신의 능력을 종합적으로 평가하고 측정한 후 행동 선호도와 같은 다양한 요인을 결합하여 창업 활동을 수행할지의 여부를 결정한다. 이 모델은 창업가의 영향을 강조하지만 행위자의 행동에 미치는 외부 환경 요인의 영향을 고려하지 않는다. 따라서 여전히 일정한 한계가 있다.

(3) 창업 아이디어 구현

버드(Bird, 1988)가 제시한 창업 아이디어 구현(IEI)은 실제로 창업 행동에 대한 개인의 정신 상태이다. 이 모델은 창업 의향이 개인의 합리적 인식과 사회적 환경의 결합에 영향을 받는다고 믿는다. 따라서 창업 의향의 생성을 촉진할 때는 개인적 특성과 개인적 능력이라는 두 가지 주요 요인뿐만 아니라 사회적, 경제적, 정치적 요인 등 다양한 외부 환경 요인을 고려해야 한다. 이 모델은 일부 내부 및 외부 요인의 영향을 결합하려고 시도한다. 따라서 지금까지 상대적으로 포괄적이고 적용 가능한 개념적 모델이다.

(4) 계획된 행동 이론

계획된 행동 이론(TPB)은 아즈젠(1991)이 제시한 이론이다. 이 이론은 합리적 행동 이론을 바탕으로 보다 포괄적인 연구와 탐구를 시작했다. 이 모델을 기반으로 지각된 행동 통제를 추가했다. 이 모델의 핵심은 창업 의향이다. 이 모델은 행동적 태도, 주관적 규범, 지각된 행동 통제가 개인의 창업 의향에 직접적인 영향을 미칠 것이며, 후자의 두 가지 요인도 창업 행동에 직접적인 영향을 미칠 것이라고 믿는다. 행동적 태도는 개인의 행동적 신념에 영향을 받으며, 이는 다시 행동 평가를 제공한다. 주관적 규범은 규범적 신념에 의존한다. 지각된 행동 통제는 개인이 특정 행동을 인식하기가 얼마나 어려운지를 나타내며, 자신의 능력과 경험 평가를 기반으로 한다. 현재 많은 연구자들이 창업 의향 연구를 수행할 때 이 모델을 사용한다. 게다가 이 모델은 많은 연구의 이론적 기반이기도 하다.

(5) 창업 잠재력 모델

크루거와 브라젤(Krueger & Brazeal, 1994)이 제시한 창업 잠재력 모델은 욕구 인식이나 행동 통제 직관이 신념을 통해 간접적으로 개인의 의향에 영향을 미칠 수 있다고 언급했다. 행동 경향은 신념과 잠재력 사이에서 적절하게 조정될 수 있다. 마찬가지로 외부 환경에 촉발 사건이 있으면 창업 잠재력이 창업 의향으로 전환되는 데에도 일정한 영향을 미친다. 이 모델은 창업 이벤트 모델과 계획된 행동 모델의 두 모델에 관련된 요소를 통합한다. 그리고 개인의 정적 요인과 외부 환경 요인을 고려 사항으로 삼아 이 모델을 기반으로 포괄적인 연구와 분석을 수행할 수 있다.

(6) 상황별 창업 의향 모델

엘빙(Elfving, 2008)이 제시한 상황별 창업 의향 모델은 창업 의향 형성에 세 가지 다른 우발성이 있다고 제안한다. 첫 번째는 실현 가능성 인식,

욕구 인식, 개인 목표로, 이 모든 것이 창업 의향 형성에 직접적이고 유의미한 영향을 미친다. 창업 자기 효능감은 개인 목표를 통해 최종적인 창업 의지에 영향을 미칠 것이다. 두 번째로 개인의 창업 의향이 형성된 후에는 창업 활동에 참여하도록 동기를 부여하는 명확하고 결정적인 창업 목표가 있을 것이다. 세 번째로 촉발 사건이 창업 의향에 미치는 영향이다. 이 모델은 내부 및 외부 요인을 모두 고려하며 각 요인의 역할도 고려하므로 보다 포괄적인 모델이다.

위의 6가지 대표적인 창업 의향 모델에 대한 체계적인 분석을 통해 창업 의향 연구의 이론적 지원의 핵심은 계획된 행동 모델임을 알 수 있다. 그러나 후속 관련 연구에서는 개인적 요인뿐만 아니라 외부 환경적 요인도 고려할 것이다. 두 가지의 공동 작용 관점에서 보면 창업 의향의 형성을 보다 포괄적이고 객관적으로 탐구할 수 있다.

2.2.3 창업 의향에 영향을 미치는 요인

이 연구는 다음 네 가지 측면에서 종속 변수인 창업 의향에 영향을 미치는 관련 요인을 요약할 수 있다.

(1) 성격적 관점

크랜트(Crant, 1996)와 홀란드(Holland, 1997)는 비교적 초기에 개인적 특성과 창업 의향의 관계에 대한 연구를 수행했다. 연구 결과에 따르면, 개인은 이러한 자질을 타고났다고 믿는다. 성격은 창업 의향에 크게 반영된다. 그 이후로 점점 더 많은 연구자들이 개인 수준에서 창업 의향을 연구하기 시작했다. 프라그와 크레이머(Praag & Cramer, 2001)는 덴마크 대학생 5,000명 이상을 연구 대상으로 삼아 41년간 추적 조사를 실시했다. 연구 결과 위험 선호도, 위험 중간 또는 위험 회피에 대한 개인적 특성의 영향이 창업 의향에 영향을 미친다는 사실이 밝혀졌다. 성별 차이와 관련하여 일부 연구자들은 여성에 비해 남성이 창업에 더 관심이 많다고 믿는다(Marlino and Wilson, 2003). 이러한 차이의 주요 원인은 여성의 자기 확신이 보통 더 낮다는 것이다. 경력을 선택할 때 여성은 더 많은 제한과 제약에 직면하게 되며(Bandura, 1992), 일부 여성은 자신의 창업 기술에 대한 평가가 상대적으로 낮기 때문에 의도적으로 창업 경력을 선택하지 않을 것이다(Chen 외, 1998). 성별 차이는 창업 의향 생성에 반영된다. 가장 중요한 요인은 남성에 비해 전자는 창업 자기 효능감이 부족한 반면 후자는 전자에 비해 창업 의향이 훨씬 강하다는 것이다(Kolvereid and Moen, 1997). 언거, 키스, 라우흐(Unger, Keith & Rauch, 2009)는 개인적 특성이 모든 개인의 고유한 종합적 자질에 속한다고 언급했다. 개인적 특성에는 외향성, 성실성, 개방성, 쾌활성, 신경증 등 다섯 가지 주요 측면이 포함된다. 연구자들은 이러한 개인적 특성이 개인의 창업 의향에 서로 다른 영향을 미친다고 믿는다.

(2) 인지적 관점에 기반한 연구

아젠(Ajzen, 1991)은 가치관과 신념과 같은 인지적 요인이 개인의 창업 의향에 큰 영향을 미친다고 믿었다. 개인이 관련된 창업 인지 요소를 가지고 있다면 새로운 기업을 설립하려는 의향을 가질 것이다(Thompson,

2009). 일부 창업 인지 요소와 창업 의향 간의 상관관계는 일부 경험적 테스트에 의해 입증되었다(Krueger, 2000; Linan & Chen, 2009). 창업 이벤트 모델(Shapero, 1982), 계획된 행동 이론(Ajzen, 1991), 상황별 창업 모델(Elfving, 2008) 등 많은 모델이 개인의 실현 가능성 인식, 욕구 인식 등과 같은 여러 인지적 요인이 창업 의향에 미치는 영향을 탐구하였다. 이러한 이론적 연구 결과는 인지적 관점에서 창업 의향을 연구하는 데 가장 중요한 이론적 기반이다. 크루거와 데이(Krueger & Day, 2009)는 다양한 창업 기회를 식별하고 평가할 때 가장 중요한 요소 중 하나는 개인의 합리적 분석에 대한 인식이라고 제안했다. 창업 의향을 분석하는 과정에서는 모든 관련 인지 요인을 고려해야 한다. 리난과 첸(Linan & Chen, 2009)은 경험적 분석을 통해 창업 태도와 행동 통제 인식이 창업 의향에 미치는 유의미한 영향을 검증했다.

(3) 외부 환경적 관점에 기반한 연구

창업의 외부 환경은 창업 의향과 창업 행동에 영향을 미치는 다양한 외부 요인을 말한다. 여기에는 정치적, 사회적, 문화적 요인 등이 포함된다(Gnyawall & Fogel, 1994). 프랑케와 루흐제(Franke & Luthje, 2012)는 문화, 경제 및 기타 관련 외부 환경 요인이 창업 의향에 미치는 영향을 탐구했다. 연구 결과를 보면 외부 환경 요인은 개인의 창업 의향 생성과 다형성에 지지 및 촉진 효과를 가지거나, 방해 및 부정적인 효과를 가질 수 있음을 알 수 있다.

그냐왈리와 포그(Gnyawali & Fogel, 1994)는 창업 환경의 구성 요소에는 정부 정책, 사회경제적 조건, 창업 역량, 금융 지원 등의 기본 요소가 포함된다고 제안했다. 장슈에, 팡주오, 마오강(张秀娥,方卓 & 毛刚, 2015)은 정보 생태 환경의 관점에서 주로 정보인, 정보 내용, 정보 시간과 공간, 정보 시스템 등 다양한 새로운 환경 요인이 개인의 창업 의식 형성과 생산에 미치는 영향과 효과를 탐구했다. 그 연구에 따르면 창업 활동은 이러한 정보 요인과 밀접한 관련이 있으며, 창업 활동 참여는 이러한 요인과 함께 진화한다.

또한 로야자와 리골리니(Loayza & Rigolini, 2006)는 창업 의향이 주기적 특성을 가지며 개인의 창업 의향은 자신의 경력 개발 전망, 생계 압박 등 많은 요인에 영향을 받는다는 사실을 발견했다. 피에스(Fiess, 2010) 등은 실업률이 상대적으로 높을 때 개인의 창업 의향이 감소하고 창업 활동도 상대적으로 감소할 것이라고 믿었다. 튀릭(Thurik, 2008)은 경제가 번영할 때 창업 활동이 불황일 때보다 많아지는 경향이 있다고 언급했다. 이러한 현상은 쉽게 설명할 수 있는데, 경제가 번영하는 시기에는 전반적인 사회적 외부 환경이 좋고 사람들의 내부 조건도 더 좋기 때문에 창업 의향을 가질 가능성이 더 높고 창업 활동에 더 적극적으로 참여할 것이기 때문이다.

창업 환경의 이러한 요소 중 가장 주목해야 할 것은 국가 정부가 발표하는 창업 우대 복지 정책이다. 관련 정책의 발행은 개인의 창업 의향에 어느 정도 영향을 미칠 것이라고 할 수 있다. 다나(Dana, 2009)는 창업과 관련된 세제 시스템, 규칙 등의 정책 시스템 요소가 개인의 창업 의향에 직접적인 영향을 미친다고 믿었다. 블랜치플라워(Blanchflower, 2000)는 창업에 대한 세제 우대 정책이 창업가의 창업 의향을 높이고 더 많은 사람들이 창업 활동에 참여하도록 유도할 수 있다는 사실을 발견했다. 포터바(Poterba, 1989)는 창업가 그룹의 창업 의향에 미치는 세금 정책의 영향을 자세히 연구했다. 연구 결과에 따르면 재산세 징수가 사람들의 집단적 창업 의향을 감소시킨다는 가설이 지지되었다. 사업을 시작하기 전에 잠재적 창업가는 사업의 현재 내부 및 외부 환경 조건을 철저히 분석하고 이러한 환경 요인이 사업에 미치는 영향을 고려할 것이다. 크리스천 Christian과 마이클Michael은 2003년에 창업 행동의 의사 결정 프로세스 모델을 만들었다. 이 모델은 주로 내부 및 외부 창업 환경이 창업가에게 미치는 영향을 분석한다. 이 모델은 창업에 대한 태도라는 간접 변수에 의해 최종적인 창업 행동이 영향을 받는다는 결론에 도달한다. 그룬드스텐(Grundsten, 2004)은 인식적 요인과 합리적 요인 모두 개인 창업 과정에서 중요한 영향을 미치며, 주로 창업 의향에 결정적인 역할을 한다는 사실을 발견했다.

또한 연구가 심화됨에 따라 최근에는 많은 연구자들이 창업 교육과 창업 학습이 창업 의향에 미치는 영향에 초점을 맞추고 있다. 머레이와 맥밀런(Murray & MacMillan, 1988)은 경쟁 과정에서 창업 교육을 시작하면 더 큰 경쟁 우위를 얻을 수 있다고 제안했다. 창업 교육은 창업가 자신의 창업 능력과 창업 기술을 향상시킬 뿐만 아니라 창업가의 자신감을 크게 높여 창업 성공이라는 목표를 더 쉽게 달성할 수 있도록 도와준다. 많은 학자들이 창업 교육과 창업 훈련이 창업 의향에 미치는 영향을 확인했다(Zhao, Seibert & Hills, 2005; Wilson, Kickul & Masrlino, 2007). Martin, McNally & Kay(2013)는 특정 연구 분석을 바탕으로 창업 교육, 학습과 창업 의향 사이에 상대적으로 유의한 양의 상관관계가 있다고 믿는다. 왕지에민(王杰民, 2015)은 직업 대학과 일반 대학 졸업을 앞둔 총 340명의 학생을 연구 대상으로 선정하여 창업 학습이 창업 의향 경로에 미치는 영향을 분석했다. 연구 결과에 따르면 학습 능력이 뛰어난 학생들이 학습 능력이 떨어지는 학생들보다 자영업 활동에 참여할 가능성이 더 높은 것으로 나타났다.

창업 의향은 창업 행동을 예측하는 가장 효과적인 지표 중 하나이며 창업 행동을 위한 필수적인 심리적 경로다(Krueger, 2000). 창업 의향에 대한 연구는 창업 연구의 핵심이다. 현재 창업 의향에 대한 연구는 창업 연구 분야에서 핵심적이고 핫한 주제가 되었으며, 상대적으로 풍부한 이론적 연구 결과를 얻었다. 예를 들어, 창업 의향 형성 메커니즘에 대한 결론이 있다. 다양한 이론을 바탕으로 여러 가지 창업 의향 모델이 구축되었으며, 일부 연구자들은 창업 의향에 대한 이론적 모델을 실증 연구를 통해 확인했다.

그러나 일반적으로 현재의 연구 결과는 여전히 한계가 있다. 예를 들어, 창업 의향에 대한 연구의 대부분은 개인의 특성과 환경에 주로 초점을 맞추고 있다. 그러나 개인 특성의 관점에서 설명하는 것은 충분하지 않으며 여전히 큰 한계가 있다(Aldrich, 1999). 버드(Bird, 1988)의 의향 모델과 결합하면 환경 요인과 개인적 요인이 서로에게 매우 중요한 영향을 미치며, 개인의 창업 의향 생성과 형성에도 큰 영향을 미친다는 것을 알 수 있다. 그러나 외부 영향이 어떻게 개인의 인지와 의향으로 변환되는지에 대해서는 여전히 탐구해야 할 문제가 많으며, 적용된 이론은 지속적으로 보완되어야 한다.

2.3 창업 정체성

2.3.1 창업 정체성의 정의 및 내포

1930년대 미국의 심리학자 에릭슨Erikson은 처음으로 정체성을 심리학 연구 분야에 도입했다. 그는 정체성을 고려할 때 자신이 누구인지 알고 자신에 대한 올바른 인식을 가져야 한다고 지적했다. 이를 바탕으로 에릭슨은 1963년에 '자아 정체성'이라는 새로운 개념을 개척했다. 그는 '자아 정체성'은 개인의 신념과 가치에 대한 일관성이라고 믿는다. 내부 상태는 외부 환경과 조화를 이룬다. 이후 포포네(Popenoe, 1999)는 주관적 자아와 객관적 자아, 현실적 자아와 이성적 자아의 다양한 관점에서 '자아 정체성'의 세부 내용을 더욱 탐구했다. 마르코와 자빈(Marco & Sabine, 2008)은 직업적 정체성이 개인의 자아 정체성의 중요한 구성 요소 중 하나라고 제시했다.

창업 정체성은 직업적 정체성의 한 분야다. 창업 정체성은 자신을 창업가로 여기는 개인의 심리적 상태이자, 창업 경력에 참여하려는 개인의 심리적 헌신이며, 창업 정체성 가치와 관련된 활동에 참여하는 심리적 상태다. 창업 정체성은 잠재적 창업가에게 매우 중요하다(Murnieks & Mosakowski, 2007; Hoang & Gimeno, 2010).

역할 정체성 이론(Stryker, 1968; Stryker & Burke, 2000)은, 모든 정체성의 뿌리는 사회적 역할에 있다고 믿는다. 모든 역할의 행동과 그 의미는 경찰, 교사 등과 같은 특정 사회적 역할에 부착되어야 한다. 이러한 역할이 개인의 인지 스타일에 내면화된 후에야 인식될 수 있다(Stryker & Serpe, 1982; Cast, 2004).

베살라이넨과 피칼라(Vesalainen & Pihkala, 2000)는 창업 정체성이 개인의 배경과 관련이 있으며, 본질적으로 개인의 가치와 동기와 관련이 있다고 믿었다. 창업의 전체 과정에서 개인 창업가는 혁신가(Baughn, Johnson, Cao & Linh, 2006), 사업가 등(黄攸立 등, 2013)과 같은 다양한 유형의 역할을 수행해야 한다. 창업 정체성은 창업가의 특징적인 행동 가치와 해석의 인지 구조다. 한편으로는 개인 창업가에게 특별한 정체성 감각을 제공할 수 있고, 다른 한편으로는 강력한 인센티브를 제공하고 적절한 역할과 행동을 개발하는 데 효과적인 지침을 제공할 수 있다(Shepherd & Haynie, 2009; Stets & Serpe, 2013). 어떤 상황에서는 개인이 하나 이상의 역할을 가질 수 있다. 창업가의 역할을 다른 그룹 역할과 비교하면 가치에 큰 차이가 있다(Whitta, 1993). 개인의 창업 정체성은 많은 외부 환경 요인과 관련이 있다. 다운과 워렌(Down & Warren, 2008)은 창업 정체성은 창업 조직 창출의 초기 단계와 자기 정당성의 수립에 사용될 수 있다고 언급했다. 이러한 행동을 통해 창업가는 창업 정체성을 가질 수 있으며 원하는 목표를 더 쉽게 달성할 수 있다. 정체성과 자아의 개념은 특정한 관계를 가지고 있으며, 개인의 강한 행동 동기는 창업 정체성과 일치한다(McCall, George J & Simmons, 1966; Burke & Reitzes, 1981).

기존의 많은 연구에서는 창업 정체성을 외부 요인과 자기 평가의 상호작용 형성으로 간주하며, 이는 창업가를 다른 사람들과 구별하는 총체적인 표식으로 여긴다. 새로운 기업의 창출에 참여하려는 아이디어를 생성하는 과정에서 개인이 자신의 가치를 스스로 측정하고 자기 동일시하는 것은 의사 결정의 전체적인 심리적 과정에 영향을 미친다. 이를 바탕으로 이 연구는 창업 정체성에 대한 자기 동일시의 주도성을 강조하며, 이 창업 정체성은 실제로 자기 자신에 대한 견해를 반영한다고 믿는다.

2.3.2 창업 정체성에 영향을 미치는 요인

창업 정체성은 특정 창업 심리학 및 행동과 관련된 자기 역할의 중요한 부분이다. 이는 개인의 내부 요인과 관련이 있을 뿐만 아니라 외부 환경에도 영향을 받는다. 기존 연구 결과를 검토해보면 창업 정체성 형성에 영향을 미치는 주요 요인은 성격 특성, 업무 경험 및 환경 요인(Bowen and Hisrich, 1986)이라는 것을 알 수 있다.

1. 인구통계학적 특성과 성격 특성

연령, 성별, 교육 수준과 같은 인구통계학적 요인은 창업 정체성에 큰 영향을 미칠 것이다. 많은 연구 결과에 따르면 창업 정체성은 성별 차이가 뚜렷하다(Bruni 외, 2010). 파커(Parker, 2004)는 서독의 창업가를 표본으로 창업 정체성에 대한 연구를 수행했다. 그 결과 창업 정체성과 연령의 관계는 역 U자형으로 나타났다. 40세 전후의 사람들이 창업 정체성에 대한 가장 강한 의식을 가지고 있었다. 오서 외(Orser, 2011)는 소매업, 운영자, 컨설턴트 등 다양한 산업에 종사하는 총 15명의 여성 창업가를 연구 표본으로 삼아 연구를 진행했다. 그 결과 이들 여성 창업가는 사랑, 성숙, 안정성 등의 특징을 가지고 있으며, 행동 참여와 지향성 측면에서 남성 창업가와 다른 많은 특징을 가지고 있다는 것을 알 수 있었다.

성격 특성도 창업에 중요한 영향과 의미를 갖는다. 위험을 감수하는 용기, 고난을 견디는 정신, 결단력 있는 결정을 내리는 용기 등의 특성을 가진 사람들은 창업 정체성에 대한 의식이 더 강하고 창업 활동을 더 쉽게 수행할 수 있다. 반면 보수적이고 허영심이 많으며 자신감이 부족한 사람들은 창업 정체성에 대한 의식이 상대적으로 약하므로 창업 활동에 참여하는 것이 문제가 된다(Rauch and Free, 2007). 자기 효능감이나 행동에 관한 이론을 바탕으로 한 연구도 있는데, 이를 통해 창업 자기 효능감이 창업 정체성을 크게 향상시킬 수 있다는 것을 확인하였다(Zhao 외, 2005). 또한 창업 성취 욕구와 창업 정체성 간에는 정적인 관계가 있다(Babalola, 2010).

2. 업무 경험

풍부한 업무 경험과 창업 관련 업무 참여도는 창업 행동에 영향을 미치며, 이는 주로 창업 시 선택하는 업종과 시기에 반영된다. 맥코믹과 와바(McCormick and Wahba, 2001)는 이집트 귀국 창업가를 표본으로 연구를 진행했다. 연구 결과 해외 취업 경험이 창업 활동과 관련이 있다는 것을 밝혀냈다. 이후 이들은 계량경제학 모델을 사용하여 다음과 같은 결론을 도출했다. 창업가가 해외에서 근무한 기간이 길수록 새로운 기술과 아이디어를 더 많이 습득하고 경험을 더 많이 축적하게 된다. 따라서 창업에 대한 정체성이 더욱 강해지고 귀국 후 창업 활동에 더 많이 참여하게 된다. 또한 개인이 경영 업무에 종사했는지 여부와 같은 요인도 창업 정체성 구축에 직접적인 영향을 미친다(Mc Mullan and Kenworthy, 2015). 옵숀카 외(Obschonka, 2012)는 실증 연구 결과를 바탕으로 창업 활동에 참여한 적이 있는 사람들이 강한 창업 정체성을 보일 가능성이 더 높다고 제시했다.

3. 환경 요인

창업 활동은 외부 네트워크와의 상호작용을 통해서만 구현될 수 있다. 개인 주변의 실제 환경과 네트워크는 창업 정체성 구축에 직접적인 영향을 미친다. 외부 환경 요인은 개인의 창업 정체성 형성에 조용히 그리고 무의식적으로 영향을 미친다.

먼저 사회적 환경이다. 베살라(Vesala, 2007)는 총 590명의 유럽 농촌 창업가와 농업에 종사하며 투자에 직면한 2,200명의 농민을 연구 대상으로 삼아 연구를 진행했다. 구체적인 연구 내용은 투자 의향이 있는 농민, 투자 의향이 없는 농민, 농업 노동에 종사하지 않는 농촌 인구 내 농민 간의 창업 정체성 차이를 강조했다. 연구 결과 농업 발전에서 직면하는 어려움과 위기 때문에 많은 농민이 직업 교육과 훈련이 매우 중요하다는 것을 점차 깨닫게 되었다. 동시에 자신의 창업 기술과 종합적인 기술 개선에 점점 더 많은 관심을 기울이고 있었다. 또 다른 점은 전통적인 농민에 비해 투자에 참여하는 농민의 창업 정체성이 훨씬 높다는 것이었다. 그리고 이 부분은 자신의 성장 지향성, 혁신, 열정 등의 많은 특징을 잘 인식할 수 있었다. 길 외(Gill, 2014)도 환경 효과에 대한 연구를 진행하였으며, 미국의 세 첨단 기술 산업 지역인 실리콘밸리, 유타, 몬태나의 창업가를 선정하였다. 주요 연구 내용은 첨단 기술 창업가들의 창업 정체성 구축에 미치는 첨단 기술 창업가들의 영향에 대한 것이었다.

이외에도 산업의 시장 상황, 정책 시스템, 창업 분위기와 같은 요인이 관련된 다른 사회적 환경이 있다. 창업가가 선택한 산업이 밝은 시장 발전 전망을 가지고 있다면 창업 정체성은 당연히 더 강해진다. 게다가 창업가가 정부 정책으로부터 강력한 지원을 받으면 창업 정체성도 강화된다. 창업 분위기가 좋을수록 창업가가 창업 정체성을 더 쉽게 확립하고 창업 기간 동안 더 오랫동안 유지할 수 있다고 믿는다(Roxas 외, 2014).

둘째, 세대 간의 차이이다. 창업 정체성은 개인의 사회화의 최종 결과물이다. 창업가는 시대에 따라 사회에서 다양하고 비공식적일 수 있는 관계를 통해 서로 다른 자원, 기회 및 정보를 얻는다. 다운 외(Down, 2004)는 세대 간의 차이가 창업 정체성 구축에 특정한 영향을 미친다고 주장했다. 각 시대의 창업가는 창업에 대한 사고방식과 동기부여 등 여러 측면에서 차이가 있다. 이러한 세대 간의 차이는 개별 창업가의 창업 정체성에 영향을 미친다. 일반적으로 말하면 현재의 새로운 세대 창업가는 자유롭고 더 많은 위험을 감수할 준비가 된 산업을 선택하는 경향이 있으며, 그들이 수행하는 창업 활동은 더욱 적극적이고 열정적이다. 예를 들어, 많은 신세대 창업가는 첨단 기술과 같은 새로운 산업을 선택하여 창업을 시작한다. 그 결과 구세대와는 차별화된 독특한 창업 정체성을 갖게 된다.

셋째, 동료 효과이다. 창업가는 사회적 네트워크에서 동일한 창업가 그룹, 즉 동료와 접촉하게 되며, 동료는 개인의 창업 행동에 큰 영향을 미친다(Birley, 2000). 우선 동료와의 소통을 통해 창업가는 창업 자본과 노동력 등 필요한 다양한 창업 자원을 보다 편리하고 빠르게 얻을 수 있다(Gompers 외, 2005). 또한 사회적 네트워크 또는 비공식적인 비즈니스 인맥은 창업가에게 정보와 기회를 제공하여 거래 비용과 창업 위험을 줄일 수 있다(Grabher & Gernot, 2006). 마지막으로 동료와의 상호작용은 창업가에게 심리적 지원을 제공하고 창업 스트레스를 해소해 준다(Field, Jayachandran, Pande, 2016). 동료 효과는 창업 정체성 구축에 긍정적인 영향을 미치며, 개인주의 문화가 강한 국가에서는 동료의 영향력이 더 크다는 것이 밝혀졌다(Falck 외, 2012).

넷째, 가족 환경이다. 가족 환경은 창업 정체성에 두 가지 영향을 미친다. 첫 번째는 가족 환경이 자녀의 창업 정체성에 보이지 않게 영향을 미치는 것이고, 두 번째는 가족 환경이 창업 의사 결정에 대한 자기 효능감에 어느 정도 예측적인 영향을 미친다는 것이다. 연구 결과에 따르면 어머니가 전문 인력인 경우 자녀의 창업 정체성과 정적인 관계가 있는 반면, 아버지가 전문 인력인 경우 자녀의 창업 정체성에 부정적인 영향을 미치는 것으로 나타났다(Babalola, 2010). 옵숀카(Obschonka 외, 2012)도 부모가 자영업에 종사하는 경우 자녀에게 긍정적인 영향을 미친다는 것을 발견했다. 가족은 개별 창업가에게 다양한 측면에서 창업 자원을 제공하며, 가장 중요한 원천이라고 할 수 있다. 특히 금전적 지원과 초기 노동력 지원 측면에서 대학생 그룹의 많은 창업가가 가족의 지원을 받았다.

그러나 우리가 정면으로 마주해야 할 한 가지는 가족이 창업에 부정적인 영향을 미치기도 한다는 것이며, 일부 가족은 창업 정체성 측면에서 창업가와 갈등을 겪을 수도 있다는 것이다(Hargrove, Inman & Crane, 2005). Shepherd and Haynie(2009)는 정체성 갈등 이론과 사회적 정체성 이론을 이론적 지지 기반으로 삼고 가족 기업 창업가를 연구 표본으로 삼아 창업 정체성 갈등 해소 모델을 구축했다. 그는 때때로 창업가가 창업 기회를 발견하고 창업 충동을 형성하지만, 창업 비전이 가족 정체성과 일치하지 않기 때문에 창업 정체성 갈등이 발생한다는 것을 발견했다. 이때 창업가는 정체성 갈등을 이전 갈등 메커니즘과 비교하고 가족 비전과 기업 비전에 부합하는 정체성을 확립했다. 이런 식으로 창업가가 가족의 지원을 받는지의 여부는 기존의 창업 정체성과 창업 행동을 강화하거나 감소시킬 것이다.

2.3.3 창업 정체성이 창업 행동에 미치는 영향

첫째, 창업 의향에 미치는 영향이다. 베사라이넨 외(Vesalainen, 1999)는 창업 정체성과 창업 의향, 환경적 추진력 간의 관계를 자세히 조사했다. 그 결과 창업 정체성은 창업 의향에 유의미한 영향을 미쳤으며, 개인의 최종 창업 의사 결정에 직접적인 영향을 미쳤다. 팔크 외(Falck, 2012)는 창업 분야에 사회적 정체성 개념을 도입하고 청년층의 창업 정체성이 창업 의향 생성에 미치는 영향을 탐구했다. 옵숀카 외(Obschonka, 2012)는 독일 과학자를 연구 대상으로 삼아 TPB 창업 프레임워크에서 창업 정체성의 조절 효과를 적용한 창업 과정 모델에 창업 의향을 적용했다. 그 결과 창업 정체성은 TPB 모델에서 조절 효과를 갖는 것으로 나타났다.

둘째, 창업 의사결정과 창업 행동에 미치는 영향이다. 파머 외(Farmer, 2011)는 미국과 중국의 창업가를 구체적인 연구 대상으로 삼고 창업 정체성이 창업 행동에 미치는 영향을 탐구했다. 그 결과 창업 정체성 열망의 강도와 창업 역할에 대한 자기 평가 간에 일정한 영향이 있다는 것을 보여주었다. 또한 정체성에 대한 욕구의 강도는 탐색 행동을 잘 예측할 수 있었다. 개인의 창업 정체성은 창업 기회 인식과 창업 의사 결정의 실행에 큰 영향을 미친다.

2.4 창업 접촉

2.4.1 창업 접촉의 정의와 내포

리나(Liná, 2009)의 연구에 따르면 창업 접촉은 업무와 삶의 과정에서 개인이 겪는 다양한 경험을 말하며, 이를 통해 창업 아이디어를 도출하고 창업 전문 지식을 축적할 수 있다. 크루거(Krueger, 1993)는 창업 접촉을 다음과 같이 네 가지 유형으로 구체적으로 분류했다. (1) 부모의 창업 역할 모델 (2) 친척 또는 친구의 창업 역할 모델 (3) 소규모 또는 신규 설립된 기업에서 근무한 경험 (4) 창업 또는 사업 운영 경험. 이 네 가지 유형의 접촉은 축적 방식에 따라 구분되며, 관찰 경험과 직접 경험 두 가지로 요약할 수 있다(Bandura, 1977; Latham, Gary & Saari, 1979), 즉 부모의 창업 역할 모델과 친척 또는 친구의 창업 역할 모델은 관찰 경험에 속하며, 창업 역할 모델에 대한 접촉 또는 간접 창업 접촉이라고도 한다. 소규모 또는 신설 기업에서 근무한 경험과 창업 또는 사업 운영 경험은 직접 경험에 속하며, 직접 창업 접촉이라고도 한다(Kautonen et al., 2010; Krueger, 1993). 대학생들의 간접 창업 접촉과 직접 창업 접촉의 두 가지 분류에 대해 보다 포괄적이고 명확한 이해를 하기 위해서는 다음과 같다.

1. 간접 창업 접촉

간접 창업 접촉 중 하나는 부모의 창업 역할 모델을 갖는 것이다. 부모의 역할 모델은 자녀의 심리적, 태도 발달에 특히 중요하다(Scherer & Adams, 1989 Shapero & Soksol, 1982). 아이들은 부모를 관찰함으로써 배우고 이를 정신적 모델로 내면화한다. 이는 취업 결정을 포함한 행동 전략에 영향을 미친다(Bandura, 1986; Schrö'; De Wit and Van Winden, 1989; Tognazzo et al., 2016). 부모의 창업에 접촉됨으로써(Praag, 2012), 창업 부모가 조성한 창업 분위기를 통해 개인은 간접적인 경험을 쌓고, 동일시 심리를 생성하며, 창업 자신감을 높이고, 그 다음 창업 욕구를 의향으로 전환한다(Matthews, Charles & Moser, 1995 Shapeero & Sokol, 1982). 반 빈덴(Van Winden, 1989)과 드 비트(De Wit, 1993)와 같은 학자들은 아버지의 창업을 개인의 창업 성향의 독립 변수로 삼아 연구를 진행하였으며, 부모의 창업이 자녀의 창업 선택에 유의미한 긍정적 영향을 미친다는 것을 발견했다. 페어리스 외(Fairlie, 1999)는 미국 이민자들의 창업 상황에 대한 탐색적 분석을 수행했다. 이 연구 결과에 따르면 부모가 창업한 경우 이민자의 창업 가능성이 높아졌으며, 이는 다양한 인종에서 발생하는 상황이었다.

헌들리(Hundley, 2006)는 부모의 직업적 배경, 창업 배경, 가족 경제적 지위가 자녀의 창업 의향과 행동에 큰 영향을 미칠 것이라고 지적했다. 우드필드(Woodfield, 2013)는 지식 교류를 강화하고 적절한 지침을 제공함으로써 창업 가족 기업은 자녀에게 더 많은 자원을 제공할 수 있으며, 세대 간 창업에 참여할 수도 있다고 지적했다. 린드퀴스트, 솔, 반 프라그(Lindquist, Sol & Van Praag, 2015)는 스웨덴의 창업 데이터를 사용하여 부모의 창업이 자녀의 창업 양성에 중요하다는 것을 입증했다. 가족 구성원, 특히 부모는 젊은 세대에게 영감, 동기부여, 역할 모델을 제공하여 젊은 세대가 자신의 자아 개념을 정의하는 데 도움을 준다(Gibson, 2004).

또 다른 간접 창업 접촉은 친척이나 친구의 창업 역할 모델이다. 친척과 친구는 개인의 사회적 네트워크에서 가장 가까운 관계다. 사회적 네트워크의 창업 역할 모델은 개인에게 현실에서의 생생한 증거를 제공하며, 이는 개인의 직업 선호도에도 영향을 미치며(Witt, 1991), 궁극적으로 개인의 창업 의향을 자극한다(Scherer & Adams, 1989). 반두라(Bandura, 1977, 1986)는 타인을 관찰하는 것은 학습의 보편적이고 효과적인 방법이라고 지적했다. 특히 좋은 역할 모델을 관찰할 때, 개인은 쉽게 영향을 받고 매료된다(Gibson, 2004). 관찰 과정에서 자연스럽게 모방하고 배운다. 크루거(Krueger, 1993)는 주변의 친숙하거나 상호 작용하는 사람의 창업 역할 모델이 개인의 창업 성향에 영향을 미친다고 믿었다.

역할 모델은 모방하거나 특정 목표를 달성하기 위해 영감을 받을 수 있는 참조 대상을 제공한다(Shapiro, Haseltine, & Rowe, 1978; Wright, Wong, & Newill, 1997). 일부 학자들은 배우나 정치인과 같은 유명인보다 또래의 역할 모델을 마주할 때 개인이 더 큰 영향을 받는다고 믿으며(Pleiss & Feldhusen, 2010), 스페인에서 600개 이상의 샘플을 대상으로 실험한 결과에 따르면, 버지니아 페나엔(Virginia Fernáéintention)은 창업 경력 목표 선택과 관련하여 친척이나 친구와 같은 소셜 네트워크에서 창업 롤모델을 관찰함으로써 개인이 문제 해결 방향과 모방 학습 능력을 얻을 수 있으며, 이는 창업 롤모델에 더 가까워지고 자신의 창업 경력을 쌓는 동기를 향상시킬 수 있다고 주장한다.

2. 직접 창업 접촉

직접 창업 접촉 중 하나는 소규모 또는 신설 기업에서의 업무 경험이다. 고용 여부를 결정하기 전에 개인은 기업에서 관련 정보를 추출할 것이다. 이 정보의 가용성과 내용은 개인의 사전 접촉에 크게 의존한다(Ajzen, 1991). 소규모 기업이나 신설 기업에서의 이전 업무 경험은 개인의 인지에 영향을 미치며, 창업 경력 선택에 중요한 영향을 미친다(Katz, 1992). 이전의 관련 업무 경험은 잠재적 창업가에게 중요한 자원 중 하나다(Kim 등, 2006). 왜냐하면 공급업체 및 고객과의 관계를 발전시킬 수 있는 기회를 제공하기 때문이다(Fairlie, 2007; Kim et al., 2006).

소규모 기업과 신설 기업은 창업에 필요한 기술을 공유하고 경험하고 배울 수 있는 이상적인 근무 환경을 제공한다(Stuart & Abetti, 1987). 대기업에 비해 소규모 기업이나 신설 기업의 근무 환경은 유연성, 참여 가능성, 근무 시간 또는 직업 안정성 측면에서 다르다. 대기업에서 특정 업무를 전문적으로 양성하는 것에 비해, 소규모 또는 신설 기업에서의 업무 경험은 창업에 적합한 일반적인 인재를 양성할 가능성이 더 높다(Gibb, 2002). 따라서 이러한 경험은 창업가의 업무 태도를 촉진할 것이다(Kautonen et al., 2010; Parker, 2004). 이러한 경험은 개인이 창업의 궁극적인 결과를 매우 정확하게 평가하는 데 도움이 된다(Scherer, Adams, & Wiebe, 1989). 소규모 또는 신설 기업의 창업가는 직원들이 관련 창업에 참여하도록 장려할 가능성이 더 높다. 이는 이러한 직원들이 다른 직업보다 더 큰 유용성을 가질 더 실질적인 인적 및 사회적 자본을 축적했을 것이기 때문이다(Douglas & Shepherd, 2000). 또한 소규모 또는 신설 기업에 종사하는 개인은 비즈니스 기회에 대한 접촉 가능성이 더 많으며, 특정 직무나 산업에 필요한 비즈니스 인적 자본을 획득할 수 있는 충분한 실행 역량과 필요한 기술을 습득할 것이다(Murray & MacMillan, 1988). 위의 모든 내용은 소규모 또는 신설 기업에서 개인의 업무 경험이 개인의 창업을 촉진하는 데 긍정적인 역할을 한다는 주장을 뒷받침한다.

또 다른 직접 창업 접촉은 창업 또는 사업 운영 경험이다. 창업 경험은 창업가가 과거의 창업 경험을 바탕으로 습득한 인식 또는 합리적인 개념, 지식 및 기술이다(Grath, MacMillan & Scheinberg, 1992). 피셔, 레우버, 다이케(Fischer, Reuber & Dyke, 1990)는 창업 경험은 잠재적 창업가가 창업에 필요한 지식, 기술 및 개념을 축적하는 데 도움이 된다고 믿었다. 장 쉬에, 치 웨이홍, 리 저우이(张秀娥, 祁伟宏 & 李泽卉, 2017)는 연구를 통해 창업 경험은 대학생들이 창업에 대해 배울 수 있는 중요한 정보원이라고 지적했다. 대학생 창업가가 충분한 창업 경험을 가지고 있다면 창업 수준과 창업 성공률이 크게 향상될 것이다. 파머, 야오, 쿵-맥킨타이어(Farmer, Yao & Kung-Mcintyre, 2011)는 과거의 관련 경험이 개인의 창업 인식에 영향을 미친다고 강조했다. 과거의 경험은 잠재적 창업가에게 창업 관련 지식과 정보를 접촉시킨다. 잠재적 창업가는 축적된 정보를 처리하여 자신만의 독특한 창업 인식을 개발하고, 그 후 창업 기회에 대한 인식과 인식을 수정할 수 있다. 자신의 회사를 운영하거나 창업 경험을 통해 개인은 보다 독립적으로 보다 광범위하고 매력적인 비즈니스 전략을 채택할 수 있다(Chaston & Ian, 1997). 기존 문헌에서는 사전 창업 접촉이 창업 의향을 자극하는 데 중요한 역할을 한다는 것이 널리 알려져 있다(Zapkau et al., 2015).

2.4.2 창업 접촉이 창업 행동에 미치는 영향

1. 창업 의향의 발전 단계

많은 연구에서 창업 접촉이 창업 의향에 긍정적인 영향을 미친다는 것을 보여준다(Krueger, 1993; Krueger, Reilly 및 Carsrud, 2000). 그러나 창업 의향에 영향을 미치는 방식에는 큰 차이가 있다. 일부 연구자들은 창업을 계획된 행동으로 간주하며(Bird, 1988), 창업 의향은 창업 행동의 가장 좋은 예측 변수라고 믿는다(Thompson, 2009). 따라서 많은 창업 의향 연구 모델은 태도의 매개 변수를 변화시켜 창업 접촉이 창업 의향에 간접적으로 미치는 영향을 연구한다(Krueger, 2000). 리나와 산토스(Liñá and Santos, 2007)는 창업가 가족과 비창업가 가족을 비교하여 창업 접촉이 창업 의향에 미치는 영향은 인식된 창업 바람직성과 인식된 창업 실현 가능성에 의해 매개된다는 것을 발견했다. 다른 연구에서는 태도와 주관적 규범 아래에서 창업 접촉이 어떻게 창업 의향에 영향을 미치는지 옹호하는 아젠의 계획된 행동 이론(Liñá and Chen, 2009)을 적용한다. 다른 연구에서는 중간 변수 없이 창업 접촉이 직접적으로 창업 의향의 결과 변수에 영향을 미친다고 믿으며, 주로 사회 학습 이론과 사회적 또는 인적 자본 이론의 관점에서 창업 접촉의 직접적인 영향을 추론하고 분석한다(예 : Geldhof et al., 2014; Scherer et al., 1989). 그러나 자오, 시버트 및 힐스(Zhao, Seibert 및 Hills, 2005)는 또한 사회인지 이론을 사용하여 접촉이 창업 의향에 미치는 긍정적 영향은 창 업 자기 효능감을 통해 전달된다는 것을 입증했다.

그러나 일부 연구자들은 창업 접촉이 창업 의향에 미치는 영향에 대해 다른 결과를 얻었으며, 이는 주로 매개 변수의 미지원에 반영된다. 크루거Krueger의 연구 결과(1993)에 따르면 창업 접촉은 개인 창업의 실현 가능성에 유의한 긍정적 영향을 미치지만 바람직성에는 영향을 미치지 않는다. 리나와 첸(Liñá and Chen, 2009)은 창업 롤모델의 접촉이 창업 태도 변수를 증가시키는 반면 다른 중간 변수는 유의하지 않으며, 이전 창업 경험은 주관적 규범에만 긍정적인 영향을 미친다는 것을 발견했다. 펭, 루, 캉(Peng, Lu, and Kang, 2012)의 연구 결과에 따르면 친척이나 친구의 창업 롤모델에 대한 창업 접촉은 계획된 행동 이론의 태도 변수에 유의한 영향을 미치지 않는 것으로 나타났다. 심지어 장, 두이스터스 & 클루트(Zhang, Duijsters & Cloodt, 2013)의 연구에서는 창업 접촉이 부정적이며 창업 의향에 부정적인 영향을 미칠 것이라고 믿는다.

2. 창업 배아기 단계

창업 배아기 단계는 세 가지 단계로 구성된다. 첫 번째 단계는 개인이 보다 구체적인 창업 프로젝트에 시간과 자원을 투자하기 시작하는 것이다. 두 번째 단계는 개인이 스타트업 기업가(유효한 새로운 기업과 관련된 진지한 활동을 조직하지만 아직 법적 기업을 얻지 못한 상태)가 되는 것이다(Carter, Gartner, and Reynolds, 1996). 세 번째 단계는 법적 실체를 설립하거나 첫 번째 운영 수익을 창출하는 등의 설립을 실현하는 것이다(Kessler and Frank, 2009; Reynolds, 2007).

사회학습 이론은 창업 역할 모델을 관찰하는 것이 경력 결정에 영향을 미친다고 믿는데, 이는 개인이 가치 있는 역할 모델과 같은 선택을 하는 경향이 있기 때문이다(Scherer, Adams, and Wiebe, 1989). 일부 연구에서는 부모의 창업 역할 모델(예: Chlosta 등), 친척이나 친구의 창업 역할 모델(Caputo and Dolinsky, 1998; Wagner & Sternberg, 2004) 및 창업 경험(Mungai and Velamuri, 2011) 등의 창업 접촉이 창업 행동에 긍정적인 영향을 미친다는 것을 입증했다. 많은 다른 연구(예: Caputo & Dolinsky, 1998; Mungai and Velamuri, 2011; Chlosta 등, 2012)에서도 창업 접촉이 창업 배아기 단계에 직접적인 영향을 미친다는 것을 보여준다. 카와 세케이라(Carr & Sequeira, 2007)는 창업 접촉의 간접적인 효과에 초점을 맞추었으며, 부모의 창업 역할 모델 접촉이 개인의 스타트업 기업가 정신에 미치는 영향에서 창업 태도, 창업 자기 효능감 및 인식 가능한 가족 지원이 매개 역할을 한다는 것을 발견했다. 슌과 덕워스(Schoon & Duckworth, 2012)는 장기 데이터를 사용하여 부모의 창업 역할 모델 접촉이 개인의 창업 의향에 긍정적인 영향을 미쳤으며, 창업 의향이 그 이후의 창업 배아기 단계에서 매개 역할을 한다는 것을 입증했다.

2.5 가족 지원

2.5.1 가족 지원의 정의와 내포

가족 지원은 사회적 지원 구조의 한 유형으로, 그 지원 체계는 부모, 형제자매, 부부 및 기타 가족 구성원으로 구성된다(Cassel, 1974). 따라서 가족 지원은 가족으로부터 받는 사회적 지원을 의미한다(Thoits, 1982). 사회적 지지는 타인이 실제적이고 잠재적인 정보나 물건을 제공하는 행위를 의미하며(Cohen & Syme, 1985), 정서적 격려 또는 지지, 제안이나 조언, 정보 전달 또는 지도, 물리적 도움 및 기타 형태의 도움을 제공하는 것을 말한다(Tracy, 1990). 사회적 시스템에서 개인이 관심을 받고 존중받으며 도움을 받고 있다고 느끼게 한다. 카나반, 핑커튼 및 돌란(Canavan, Pinkerton 및 Dolan, 2016)은 가족 지원이 사회적 지지의 중심 지원 시스템이라고 믿었다. 프리드먼(Friedman 외, 2010)는 가족 지원에는 가족 구성원이 가족 구성원의 모든 태도와 행동 지원을 받아들이는 것이 포함되어야 하며, 그 형태는 정서적 지원, 평가 지원, 정보 지원 및 수단적 지원을 포함한다고 지적했다. 위에서 언급했듯이 가족 지원은 부모, 자녀 및 기타 구성원을 포함한 가족 구성원이 제공하는 다양한 형태의 지원을 의미하며, 여기에는 정서적, 제안, 물질적 및 노동 서비스가 포함된다.

가족 지원은 사회적 지원의 구조적 측면으로, 지원을 제공하는 당사자가 가족 구성원이라는 것을 의미하며, 내포적 의미도 사회적 지원의 기능적 내포적 의미와 같다. 학계에서는 사회적 지원의 내포적 의미에 대한 일관된 분류가 없다. 일부 학자들은 단순히 정서적 지원, 자존감 지원, 사회적 네트워크(Cobb, 1976)로 나눈다. 이것들은 또한 존중 지원, 지위 지원, 정보적 지원, 수단적 지원, 사회적 동반자 관계 및 동기 부여 지원(Wills, 1985)으로 세분화된다. 캐플란(Caplan, 1974)은 개인이 사회적 네트워크에서 정서적, 인지적, 물질적 지원을 얻을 수 있다고 믿었다.

현대 학자들이 제시한 내포적 분류도 유사하다. 하우스(House, 1981)는 가족 지원의 내포적 의미를 (1) 행동, 물질 또는 기타 직접적인 도움을 제공하는 것을 의미하는 수단적 지원, (2) 사랑, 보살핌, 공감을 제공하는 것을 의미하는 정서적 지원, (3) 문제 해결에 도움이 되는 특정 조언을 제공하거나 특정 기술을 가르치는 것을 의미하는 정보적 지원, (4) 수행 정보에 대한 개인 평가를 돕는 것을 의미하는 평가로 나누었다.

2.5.2 가족 지원과 진로 선택 간의 관계

연구자들은 가족 요인이 개인의 내적 특성에 영향을 미치고 개인의 사회적 태도를 변화시킬 수 있다고 지적한다(Kwok, Cheng & Wong, 2015). 가족 구성원의 격려, 지원 및 지도는 개인이 삶의 어려움을 극복하고 더 나은 기능을 가지며 삶에 더 많은 동기와 적극성을 느끼도록 도울 수 있다(Adams et al., 1996).

많은 이전 연구에서 가족 지원은 사회적 지원의 한 측면으로 간주된다. 가족은 신뢰를 찾는 개인에게 가장 작은 조직 단위이며, 가장 찾기 쉬운 단위이기도 하다. 창업가가 처음 자원을 찾을 때 가장 먼저 가족 지원을 생각해야 한다. 또한 가족 구성원이 제공하는 조언과 지원은 개인이 창업 기회를 식별하는 데 더 큰 영향을 미칠 것이다(Jenning and McDougald, 2007). 가족 내 의사소통은 더 편리할 뿐만 아니라 더 효율적일 것이다. 셴, 오소리오 & 세틀즈(Shen, Osorio & Settles, 2017)의 연구 결과에 따르면, 가족 지원과 가족 구성원 구조는 개인이 사업을 시작하기로 선택하는 데 영향을 미치는 많은 요인에서 중요한 역할을 한다. 마찬가지로 화이트, 다니엘, 무연 & 티모시(White, Daniel, Munyon & Timothy, 2017)의 연구에서도 가족 지원이 젊은 사람들의 진로 선택 의향에 직접적이고 유의미한 영향을 미칠 것이라고 분명히 언급하고 있다.

제3장 이론적 모델 및 가설

이 장에서는 관련 이론적 개념을 자세히 설명하고 소개하며, 기존 연구 문헌을 정리할 것이다. 그런 다음 이를 바탕으로 추론을 진행하고 논리적 체인을 구축하며 관련 변수 간의 관계를 결정하고, 마지막으로 연구 가설을 제안하고 연구 모델을 수립할 것이다.

3.1 이론적 기초

3.1.1 창업 정신 경영 이론

1. 창업 정신 경영 이론의 발전

18세기부터 전 세계의 전문가와 학자들은 창업 현상에 대한 연구와 분석을 수행해 왔다. 초기 창업 정신 연구는 기본적으로 대기업을 연구 대상으로 삼았으며, 연구의 초점은 창업 정신의 중요성에 있었다. 창업 정신 경영이 공식적으로 독립적인 학문 분야로 발전한 것은 1980년대에 이르러서였다. 1982년에 열린 제1회 뱁슨Babson 기업가 정신 연구 심포

지엄은 창업 정신 연구를 새로운 학문 분야로 지목했다.

드러커(Drucker, 1985)는 창업 정신을 새롭고 가치 있고 의미 있는 활동을 창출하는 능력으로 보았다. 셰인Shane과 벤카타라만(Venkataraman, 2000)은 창업 정신의 핵심은 기회라고 믿었다. 그들은 또한 창업 정신은 실제로 기회를 인식, 평가하고 효과적으로 활용하는 과정이라고 제안했다. 연구가 지속적으로 심화됨에 따라 창업 정신 연구의 관점도 크게 확대되었다. 창업 환경, 창업 특성, 기업 성장 등의 요인이 연구의 내용이 되었다(Ardichvili & Gasparishvili, 2003; Carolis & Saparito, 2006).

2. 창업가 연구 모델

관련 연구 작업이 지속적으로 심화됨에 따라 창업 정신 연구의 내용과 초점도 계속해서 확대되고 있다. 많은 연구자들이 다양한 창업 정신 연구 모델을 제안했다. 전반적으로 요소 구성, 프로세스, 전략, 행동 결과의 네 가지 고전적인 기업가 정신 연구 모델이 있다. 자세한 내용은 다음과 같다.

(1) 요소 구성 모델

이 모델은 가트너(Gartner, 1985)가 처음 제안했다. 이 모델은 기업가, 환경, 창업 과정 및 조직의 네 가지 주요 요소를 포함한다. 이러한 모델은 다차원적이고 동적인 이론적 모델이다. 조직의 창조는 실제로 창업 활동의 가장 직관적이고 구체적인 구현이다. 새로운 조직의 창조는 다양한 요소의 유기적 통합을 통해 기대되는 결과를 얻는 것이다. 창업가는 이 모델에서 가장 중요한 영향 요인에 속한다. 이 요인은 다른 요인에도 직접적이고 유의미한 영향을 미칠 것이다. 이 모델은 성취 요구, 모험, 통제점 등의 관점을 기반으로 하며, 새로운 기업을 창업할 때 창업가가 가져야 할 모든 특성을 요약한다. 팀몬(Timmon, 1999)이 제안한 또 다른 모델도 있다. 이 모델은 비즈니스 기회, 자원, 팀의 세 가지 매칭 요소를 포함한다. 개발의 각 단계에서 이 세 가지 요소는 서로 다른 상태에 있지만, 이 세 가지는 오랜 시간 동안 동적인 평형 상태에 있다. 이 모델은 창업 정신의 세 가지 요소 간의 유기적 협력, 조정 및 통합을 강조한다.

(2) 프로세스 모델

프로세스를 기반으로 한 여러 모델이 있다. 그 중 하나는 위컴(Wickham, 1998)이 창업가를 핵심 지배력으로 하는 기업 창업의 단계를 제안한 것이다. 이 과정에서 개인 창업가는 계속해서 학습하며 궁극적으로 성공적인 기업가 정신의 목표를 달성한다. 첫 번째 단계에서 창업가는 자원, 기회, 조직의 세 가지 요소의 핵심에 있다. 창업가는 기회를 잘 인식하고 평가해야 한다. 동시에 다양한 자원을 종합적으로 관리하고 활용해야 하며, 조직의 창조를 이끌어야 한다. 기업가는 또한 기업 창업에서 선도적인 위치에 있다. 두 번째 단계는 역동적인 학습이 창업 정신의 궁극적인 성공 또는 실패에 직접적이고 중대한 영향을 미칠 것이라고 믿는 것이다. 사업을 시작하는 데 성공하려면 개인 창업가와 조직 모두 계속해서 학습하고 다양한 위기 상황에 대처할 준비가 되어 있어야 한다.

두 번째는 크리스천(Christian, 2000)이 언급한 바와 같이 창업 정신에서 창업가와 신생 기업 간의 관계는 정적이지 않고 시간이 지남에 따라 동적으로 조정된다는 것이다. 이 모델은 창업 프로세스가 외부 환경에 영향을 받는다는 점을 강조한다. 또한 창업가는 시간이 지남에 따라 외부 환경의 변화에 적응하고 적시에 지식과 역량을 업데이트해야 하며, 이를 통해 기업의 발전을 더욱 촉진할 수 있다.

셋째, 셰인과 벤카타라만(Shane & Venkataraman, 2000)은 기회의 인식과 활용은 창업 정신의 초기 단계에만 국한되는 것이 아니라 전 과정에 걸쳐 이루어진다고 믿었다. 이 모델은 창업 정신 연구를 수행할 때 창업 정신의 과정에 주목해야 할 뿐만 아니라 기업 자체의 발전에도 주목하고 가치를 부여해야 한다고 언급한다.

넷째, 벤카타라만과 사라스바시(Venkataraman & Sarasvathy, 2001)는 효과 논리의 창업 모델을 제안했다. 창업 과정에서는 다양한 출처에서 자원이 필요하다. 전통적인 자원 지원 외에도 네트워크 자원의 도움이 있어야 궁극적인 성공을 이룰 수 있다.

(3) 전략적 기업가 모델

이 모델은 Li, Zhang, Zhang(2001)이 제안한 것으로, 새로운 벤처의 전략을 핵심으로 한다. 이 모델에 따르면 기업 전략은 환경과 성과 간의 관계를 변화시킨다. 기업이 외부 환경의 영향을 받은 후에는 실시간으로 전략적 접근 방식을 변경하고 발전 기회를 확고히 파악하여 더 큰 경제적 이익을 얻을 수 있다. 미탈과 자인(Mittal & Jain, 2012)은 스타트업을 위한 성과 모델을 제안했다. 이 모델은 경영 전략과 벤처 캐피털과 같은 많은 요인이 스타트업의 성과에 큰 영향을 미칠 것이라고 하였다. 창업 기업의 발전에 영향을 미칠 수 있는 요인에 중점을 둔다.

또한 셰이커와 조지(Shaker & George, 2008)는 조직 요인, 국제 기업가 정신, 경쟁 우위의 세 가지 변수 간의 관계를 탐색하고 분석했다. 분석 결과에 따르면 환경과 전략이 국제 기업가 정신에 영향을 미칠 것이라고 언급하고 있다. 또한 다양한 요소가 상호 작용하여 기업의 발전과 성장에 강력한 지원을 제공하고, 이를 통해 국제 시장에서 기업의 경쟁력을 향상시킬 수 있다고 언급하고 있다.

(4) 행동 결과 기반 기업가 정신 모델

이 유형의 모델은 창업 행동 전의 자기 믿음, 의지, 인지를 연구의 핵심 요소로 간주한다. 이 모델은 이러한 요소가 창업 활동에 미치는 영향과 효과를 탐색하고 분석한다. 그 중 하나는 버드(Bird, 1988)의 구현 모델이다. 이 모델은 창업 의지가 합리성, 논리적 추론 및 목표와 같은 요인과 관련이 있으며, 이는 최종적인 창업 행동에 영향을 미친다고 지적한다. 두 번째는 아즈잔(Ajzan, 1991)이 제안한 이론적 행동 모델에 기반한 계획된 행동 모델이다. 이 모델은 태도, 주관적 규범, 지각된 행동 통제의 세 가지 요소가 개인의 창업 의향 형성에 영향을 미칠 것이라고 제안한다. 지각된 행동 통제와 창업 의향은 또한 최종적인 창업 행동에 영향을 미칠 것이다.

세 번째는 크루거와 브래즐(Krueger & Brazeal, 1994)이 제안한 창업 잠재력 모델이다. 연구자들은 바람직한 인식과 지각된 행동 통제 모두가 창업 의향에 간접적으로 영향을 미친다고 믿는다.

3.1.2 정체성 이론

정체성 개념의 내포는 풍부하고 포괄적이다. 정체성은 자기 분류와 유사성을 나타낼 수 있을 뿐만 아니라 심리적 일관성과 관련성을 지칭할 수도 있다. 사회적 정체성은 사회적 그룹의 사회적 행동을 이해하는 데

유용한 개념이다. 사회의 특정 그룹 구성원의 특성은 물론 전체 사회 집단의 특성을 설명할 수 있다. 특정 조건과 환경에서 개인이 갖는 특정 신념과 가치이다. 사회의 특정 그룹에 속한 개인으로서, 그들은 또한 그룹에 의해 인식되고 인정받는다. 개인은 자신이 이 특정 그룹에 속한다는 것을 깨닫는다(Tajfel & Turner, 1979; Turner & Hogg, Oakes, 1987). 사회적 정체성은 개인의 행동 선택과 의사 결정에 영향을 미칠 수 있으며, 경력 선택은 그 지침을 더 잘 반영할 수 있다(Abrams 등, 1998). 개인이 특정 사회적 정체성을 가지고 있을 때, 그들은 해당 특정 그룹의 사회적 정체성에 내포된 신념과 가치에 의해 인도되며, 경력 선택을 할 때 영향을 받는다.

현재 정체성에 대한 연구는 사회적 정체성 연구와 자기 정체성 연구로 나뉘어져 있다. 사회적 정체성 연구의 연구 지향은 사회적 정체성 이론과 역할 정체성 이론의 두 가지 주요 이론으로 나뉜다. 사회적 정체성 이론은 개인이 특정 사회적 상황에서 어떤 그룹의 구성원으로 있을 때 다른 구성원 및 그룹과 가치 충돌이 발생하면 개인은 무의식적으로 자신의 사회 개념을 조정할 가능성이 높다고 믿는다. 동시에 개인은 자신의 내부 자아와 사회가 그룹의 특성과 일치하도록 자기 재구성 작업을 완료한다(Tajfel and Turna, 1979). 역할 식별 이론에서 언급했듯이, 개인은 다른 개인이나 그룹과 상호 작용할 때 특정 역할을 획득하고 안정적으로 유지할 수 있다. 이러한 특정 역할을 기반으로 개인의 자기 개념이 형성된다(Stryker, Serpe, 1982). 역할 정체성 이론과 사회적 정체성 이론 모두 역할은 개인이 살아가는 사회 환경에서 형성된다는 것을 인정하는데, 이는 사회 환경을 벗어나서는 연구할 수 없다는 것을 의미한다.

그럼에도 불구하고 역할 정체성 이론과 사회 정체성 이론은 정체성의 출처에 대해 여전히 명백한 차이가 있다(Stets & Burke, 2000; Finn, Currie &

Martin, 2010). 후자는 일반적으로 개인 정체성을 사회적 관점에서 연구하는 반면, 전자는 개인의 역할을 통해 탐구하고 분석한다. 스텟스와 버크(Stets & Burke, 2000)는 위의 두 이론이 이론적 관점에서 극복할 수 없는 장벽이 없다고 언급했다. 오히려 이 두 가지 관점과 이론은 유기적으로 통합될 수 있다. 두 가지 관점을 결합하면 개인 정체성과 자기 개념에 대한 보다 포괄적이고 객관적이며 진정한 이해가 가능할 것이다.

창업 정체성은 전문적 정체성의 한 분야인 특별한 유형의 사회적 정체성이다. 창업 정체성 이론은 역할 이론과 사회 범주화 이론에서 유래했다. 존스(Jones 등, 2008)은 창업 정체성을 창업 과정에서 개인의 자기 역할에 대한 명확한 인식과 긍정적인 평가로 보았다. 종합적인 관점에서 스미스(Smith, 2010)는 창업 정체성을 개인의 창업 과정과 활동에서 나타나는 모든 정체성 인식과 행동의 결합 또는 창업 특성에 대한 다양한 반응의 집합이라고 강조했다. 홍 과 기메노(Hong & Gimeno, 2010)는 창업가의 역할 정체성이 창업 기업의 전환과 창업 정신의 지속성에 미치는 영향을 탐구하려고 했다. 그들의 연구를 통해 그들은 회사가 설립될 때 창업가의 정체성은 정적이지 않고 끊임없이 진화하는 동적 변화를 겪는다고 믿었다.(黄攸立, 薛婷 & 周宏, 2013)은 학술적 창업 정신을 연구의 구체적인 배경으로 삼아 학자들이 원래 학자 역할에서 기업가 역할로의 정체성 개념을 적응시키는 과정을 깊이 있게 논의했다.

3.2. 이론적 틀

최근 몇 년간 많은 연구자들이 개인적 창업 의향에 대한 심층적인 연구를 수행하여 다양한 연구 관점을 채택한 풍부한 결과를 도출했다. 일부는 외부 환경의 관점에서 개인적 창업 의향을 분석한다. 일부는 외부 수준에서 점차 개인 내부 수준으로 이동했다. 다른 사람들은 개인적 특성, 인지 상태, 행동 지향성 및 기타 관련 내부 요인이 창업 의향에 미치는 영향을 조사하고 분석하기 시작했다(Gartner, 1988; Ajzen, 1991; Shaver, 1995; Kruger et al., 2000; Delmar, 2000).

그러나 연구자들은 창업 의향에 영향을 미치는 많은 독립 변수를 연구해 왔지만 개인의 창업 접촉의 영향은 거의 포함되지 않았으며, 누구도 정체성의 관점에서 시도하지 않았다. 창업 접촉은 개인의 삶의 과정에서 창업가 경력 지식의 축적으로 이어질 수 있는 다양한 경험의 모음이다(Linan, 2004). 창업 접촉은 개인에게 창업 기대, 창업 동기 부여 및 역할 모델을 제공하여 개인의 창업을 촉진할 뿐만 아니라 창업 지침을 제공할 수 있다(Gibson, 2004; Nauta and Kokaly, 2001). 또한 창업 접촉은 개인에게 더 많은 보이지 않는 명시적 지식을 제공하고, 개인이 창업 역할에 익숙해지도록 돕고, 더 넓은 사회적 네트워크와 접촉하고 긍정적이고 성공적인 시도를 경험할 수 있도록 한다. 이 모든 것은 개인 창업의 심리적 경향을 자극하는 데 도움이 된다.

창업 정체성은 잠재적 창업가의 특성에 대한 행동 가치와 해석의 인지 구조이다. 이런 식으로 더 독특한 정체성 감각을 제공할 수 있으며, 이는 적절한 창업 역할 행동을 동기 부여하고 효과적으로 안내할 수 있다(Shepherd & Haynie, 2009; Stets & Serpe, 2013). 개인의 창업 정체성 변화 과정은 어느 정도 창업 의향의 생성을 촉진할 수 있다.

가족 지원은 가족 구성원들에게 정서적 지원을 제공하고 심리적 힘을 부여하여 보이지 않게 창업가의 자신감을 향상시킨다(McKeever, 2005). 가족 구성원들이 제공하는 제안과 커뮤니케이션 활동은 개인이 더 쉽게 받고 이해할 수 있게 해준다. 또한 가족 자원 지원은 초기 창업가가 자원을 얻을 수 있는 중요한 방법이다. 아직 많은 사회적 네트워크에 접촉되지 않은 대학생들에게는 더욱 중요하다(Chand and Ghorbani, 2011). 가족은 개인이 자신의 실제 상황에 더 가깝게 생각할 수 있도록 해줌으로써 가족 지원을 더욱 효율적으로 만들 수 있다(Jenning and McDougald, 2007). 따라서 가족 지원은 창업가의 심리와 행동에 있어서 중요한 역할을 한다.

따라서 창업 접촉과 창업 의향에 대한 연구를 바탕으로, 이 연구는 창업 정체성이라는 매개 변수를 도입하고 정체성의 관점에서 이 연구의 모델을 지속적으로 개선하고자 한다. 개인 가족 요인도 창업 의향 형성 모델에 도입된다. 이 연구에서는 가족 지원을 조절 변수로 사용하므로, 이 연구는 창업 접촉이 개인의 창업 의향에 미치는 영향에 대한 조절된 매개 효과 모델을 수립한다. 요약하면, 이 연구는 창업 접촉을 독립 변수로, 창업 정체성을 매개 변수로, 가족 지원을 조절 변수로 설정한다. 이 연구는 가족 지원에 의해 조절된 창업 정체성을 통해 창업 접촉이 창업 의향에 미치는 영향을 자세히 연구한다.

위의 이론적 연구에 따르면, 이 연구는 그림 4.1과 같이 이론적 틀을 제시한다.

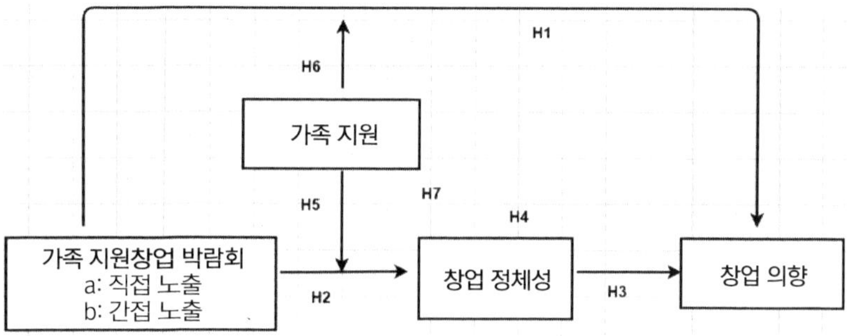

그림 4.1 이론적 틀

3.3 연구 가설

3.3.1 창업 접촉과 창업 의향

창업 접촉은 개인의 자기 효능감을 향상시키고 긍정적인 결과에 대한 기대를 자극할 수 있으며, 교육 및 직업의 다양한 분야에서 동기를 강화할 수 있다(Lent et al., 1994), 이로써 개인의 창업 의향을 강화할 수 있다. 사회는 개인에게 다양한 이상적인 역할과 행동 모델을 제공한다. 이러한 모델 역할을 관찰함으로써 개인은 더 가치 있는 정보와 모방 행동을 얻을 수 있다(Entrialgo & Iglesias, 2018). 역할 모델은 보통 주요 사회적 지위를 차지하고 있으며 강한 매력을 가지고 있다(Bell, 1970). 이는 개인의 선호도 형성과 동화를 이끌어 낼 수 있으며(Kagan, & Jerome, 1958), 창업 성향의 생산으로 이어질 수 있다. 크루거와 노리스(1993)는 창업 접촉이 개인의 창업 의향을 강화할 수 있다고 믿었다. 그들은 창업 접촉이 인식된 실현 가능성과 인식된 바람직성과 밀접한 관련이 있으며, 이를 통해 창업 의향의 강화를 촉진한다고 제안하고 검증했다.

간접적인 창업 접촉을 통해, 역할 모델을 관찰함으로써 개인은 창업에 대한 더 많은 정보와 지식을 얻고, 창업에 대한 인식이 처음에는 추상적이었다가 구체적으로 변화한다. 외부 정보를 내면화함으로써 잠재적 창업가의 창업 정체성도 더욱 인식할 수 있게 된다. 가족 사업에 접촉된 경험이 있는 아이들은 사업에 익숙해질 가능성이 높고, 창업과 관련된 이벤트에 대해 더 많이 배우고, 자기 고용과 관련된 기술, 가치 및 기타 특성을 인식함으로써 자기 관리에 대한 자신감을 키울 수 있다. 친척, 친구, 고용주 및 기타 기업가에 대한 창업 접촉이 있는 개인은 모델을 관찰함으로써 역할 모델의 힘을 얻을 수 있으며, 마음속에 긍정적인 이미지를 형성하고 이러한 기업가들에 대한 존경심을 발전시키며 창업 심리적 성향을 구축하도록 자극받을 수 있다.

카일과 세퀴에라(Carr & Sequeira, 2007)는 미국 남동부의 여러 산업에 종사하는 308명의 중소기업 기업가를 대상으로 한 실증 연구를 수행하여 가족 창업 접촉이 창업 의향에 긍정적인 영향을 미치며, 이 영향은 직접적일 수도 있고 간접적일 수도 있음을 입증했다. 부모에 대한 가족 창업 접촉은 자녀의 의향에 긍정적인 영향을 미친다고 믿는다.

라스피타 외(Laspita, 2012)도 창업가 가족에서 자란 아이들이 비창업가 가족에서 자란 아이들보다 창업가의 길을 선택할 가능성이 더 높다는 사실을 발견했다. 창업 접촉에 대한 또 다른 모델 관찰 연구에서도 난다와 소렌센(Nanda & Sorensen, 2010) 등의 연구는 이전 창업 동료와의 상호작용, 즉 창업 동료에 대한 접촉이 창업 심리에 영향을 미치고 창업가가 될 가능성을 높인다는 사실을 발견했다.

직접 창업 접촉에서는 스타트업 경험과 소규모 사업 또는 신규 기업에서의 업무 경험을 통해 개인이 더 많은 기회에 접근하고 식별하며 더 많은 혁신적인 자원을 탐색할 수 있다. 김 등(Kim, 2006)의 연구에 따르면 이전 업무 경험은 잠재적 창업가의 인적 자본의 중요한 부분이다. 소규모 또는 신규 설립된 기업은 공유, 경험 및 학습을 위한 이상적인 창업 스킬 환경이며(Rotefoss & Kolvereid, 2005), 사람들은 업무 유연성을 경험하고 창업에 대한 태도를 향상시킬 수 있다(Kautonen 외, 2010).

진로를 선택할 때 개인은 취업과 자영업 사이에서 균형을 맞추려고 할 수 있다. 이러한 결정은 종종 그들의 기억에서 비롯된다. 과거 업무 경험과 창업 경험과 같은 접촉은 주요한 출처 중 하나이다. 창업가와 함께 일한 이전 경험은 기업가적인 라이프스타일에 대한 열망으로 이어질 수 있으며(Dyer & Handler, 1994), 이러한 경험은 또한 기회를 식별하고 활용하는 능력을 향상시킬 수 있다(Davidsson & Honig, 2003). 이는 차례로 창업 활동과 창업 경향으로 이어질 수 있다. 인식에는 창업 심리에 대한 경향도 있을 수 있다. 따라서 이 연구는 창업 접촉이 창업 의도와 긍정적인 관계가 있다고 가정한다.

H1 대학생의 창업 접촉은 창업 의향에 긍정적인 영향을 미친다.

H1a 직접적인 창업 접촉은 대학생의 창업 의향에 긍정적인 영향을 미친다.

H1b 간접적인 창업 접촉은 대학생의 창업 의향에 긍정적인 영향을 미친다.

3.3.2 창업 정체성의 매개 효과

1. 창업 접촉과 창업 정체성

역할 정체성은 보통 과거 행동의 참조와 자극에서 비롯된다(Verheul, Uhlaner & Thurik 2005). 따라서 부모의 사회화 활동과 역할 모델은 자녀의 직업적 자기 개념 발달에 큰 영향을 미친다(Savickas, 2002). 창업가 가정에서 자란 아이들은 기업 활동 행동에 대한 자기 직업적 개념을 발전시킬 가능성이 높다(Obschonka, 2015). 창업 접촉은 아이들의 미래 창업 인지에 대한 씨앗을 심는다고 할 수 있다.

잠재적 창업가는 역할 모델의 관찰과 창업 관련 업무 경험을 통해 창업에 익숙해지고 이해할 수 있으며(Swail, Down, & Kautonen, 2014), 자원과 학습 기회를 얻고, 창업 네트워크와 연결되며, 기회를 식별하는 능력과 자원을 개발하고 활용하는 능력을 향상시켜 창업가가 되고자 하는 욕구를 형성하고 창업 정체성을 생성할 수 있다.

자기 개념 형성 과정에서 개인이 타인의 특성이 자신의 성격과 행동 동기와 비슷하다고 느끼는 경우(Kagan, & Jerome, 1958), 이러한 역할 모델은 일반적으로 더 높은 사회적 지위를 가지고 있기 때문에(Bell, 1970), 동화, 즉 개인의 선호도 형성을 이끌어낸다(Kagan, & Jerome, 1958). 또한 개인은 가치 있는 역할 모델의 직업적 행동을 관찰하고 이를 통해 자신의 실제 또는 미래의 능력과 관심에 대한 인지적 평가를 내리고, 관찰된 결과와 관련된 직업 분야에서 정체성을 형성한다(Klumboltz, Mitchell, & Jones, 1976; Scherer & Adams, 1989). 위의 논의를 바탕으로 이 연구는 창업 접촉이 창업 정체성에 영향을 미치며, 개인이 더 많은 창업 접촉을 경험하면 할 수록 창업 정체성에 대한 인식이 더욱 자극된다고 제안하고 있다. 따라서 이 연구에서는 다음과 같은 가설을 제시한다.

H2 창업 접촉은 대학생의 창업 정체성에 긍정적인 영향을 미친다.

H2a 직접적인 창업 접촉은 대학생의 창업 정체성에 긍정적인 영향을 미친다.

H2b 간접적인 창업 접촉은 대학생의 창업 정체성에 긍정적인 영향을 미친다.

2. 창업 정체성과 창업 의향

연구자들은 일반적으로 정체성이 행동을 유발할 수 있다고 믿으며(Burke & Reitzes, 1981), 정체성은 사람들이 특정 활동에 참여하려는 동기를 강화할 수 있다. 사회적 정체성의 형성은 부분적으로는 타인이 의식적으로 남기는 인상을 통해, 부분적으로는 무의식적으로 특정 수단을 통해 획득한 인상이 개인의 내면화와 강화를 통해 형성된다(Kasparova, 2014). 정체성은 "가능한 자아"를 인식하고 이를 실현하기 위해 노력하는 것을 의미한다. 마르쿠스 와 누리우스(Markus & Nurius, 1986)는 "가능한 자아"를 세 가지 구성 차원으로 요약했는데, 이는 '희망적 자아'는 누군가가 되고 싶어 하는 것이고, '예상되는 자아'는 개인이 될 수 있는 사람이며, '두려운 자아'는 미래에 되고 싶지 않은 것이다. 일단 정체성이 결정되면 의향의 형성에 영향을 미친다.

창업 의향을 형성하는 과정은 개인의 자기 인식과 자기 확인의 과정이다. 먼저, 그들은 창업의 정체성을 상상하고, "가능한 자아"를 구상하고,

특정 신념을 형성한 후, 마침내 행동을 안내하는 내적 원동력을 형성한다(包建华, 方世建 & 刘强强, 2013). 창업 정체성은 개인이 창업에 대한 긍정적인 인식, 경험, 행동적 성향을 통해 내면화된 창업 역할을 획득하여 얻는 최종 상태의 결과를 의미할 뿐만 아니라 창업가의 자발적인 창업 역할 정체성 구축 과정의 동적인 발전을 의미한다. 호앙과 기메노(Hoang & Gimeno, 2010)의 연구에 따르면 창업 정체성은 창업 심리학과 행동을 주도하고 안내하며, 즉 창업에 대한 정체성이 강할수록 창업 의향에 대한 인식이 강하다고 한다. 창업 정체성은 개인이 특정 환경에서 자신의 위치를 찾고, 경험에 의미를 부여하며, 심리적으로 창업 의향을 지향하게 하고, 창업 행동에 대한 지침을 제공한다. 이를 바탕으로, 이 연구는 창업 정체성이 창업 의향의 형성에 영향을 미친다고 가정한다. 따라서 이 연구에서는 다음과 같은 가설을 제시한다.

H3 창업 정체성은 대학생의 창업 의향에 긍정적인 영향을 미친다.

3. 창업 정체성의 매개 효과

창업은 개념화의 여정이다(Fayolle 외, 2013). 개인의 창업 개념화는 창업 접촉에서 창업 정보로, 그 다음에는 창업 아이디어의 인지와 내면화로, 창업 의향의 형성으로, 마지막으로 실제 창업 행동을 취하고 창업 성공에 지속적으로 매진한다. 이 여정에서 창업 정체성은 중요한 단계이다. 최상민崔祥民 등(2016)은 창업가와 소통함으로써, 즉 창업 동료 접촉을 통해 개인은 창업가에 대해 더 많이 배우고, 그들의 고민에 공감하며, 창업에 대한 태도를 지속적으로 개선하고, 점차 창업에 대한 부러움과 존경의 긍정적인 감정을 발전시킬 수 있다고 믿는다. 창업가 그룹의 인식과 창업가와의 접촉을 통해 많은 귀중한 창업 정보와 창업 자원을 습득함으로써 창업 자신감과 용기가 향상되고, 더 나아가 창업 의향이 강화되었다.

창업 정체성은 환경 조건에 따라 창업 의향을 강화하거나 변화시킬 수 있다. 창업 문화, 창업 영웅 등 외부 요인의 영향은 창업 정체성을 통해 전달되며, 궁극적으로 창업 의향에 영향을 미친다. 외부 요인의 영향 아래에서 개인은 자기 정체성의 다중 구조를 평가, 선별 및 최적화하여 진정한 자기 정체성을 생성하고 정체성 관련 행동에 참여한다. 이를 바탕으로, 이 연구에서는 개인이 창업 정체성을 통해 창업 접촉을 창업 의향으로 전환한다고 가정한다. 따라서 이 연구에서는 다음과 같은 가설을 제시한다.

H4 창업 정체성은 대학생의 창업 의향에 대한 창업 접촉의 효과를 매개한다.

H4a 창업 정체성은 대학생의 창업 의향에 대한 직접적인 창업 접촉의 효과를 매개한다.

H4b 창업 정체성은 대학생의 창업 의향에 대한 간접적인 창업 접촉의 효과를 매개한다.

3.3.3 가족 지원의 조절 효과

가족 지원은 두 가지 측면으로 구성된다. 하나는 자원 지원이고, 다른 하나는 정서적 지원이다(Arregle 외, 2015). 정서적 지원은 주로 창업가의 긍정적 감정 강화와 가족-업무 관계 조정에 반영된다. 가족 지원은 잠재적 창업가에게 참고 제안, 심리적 위안, 지원 및 격려 등을 제공한다. 가족의 개인에 대한 기대는 성공을 추구하려는 욕구와 동기로 변환되고, 결국 성공에 대한 믿음으로 이어질 것이다(Flores & Gray, 1999). 따라서 정서적 지원, 도움 및 격려는 잠재적 창업가가 자신에 대해 더 자신감을 가질 수 있게 해준다. 또한 정서적 지원은 다른 방법보다 창업가의 정신 상태를 더 잘 최적화할 수 있다.

자원 지원은 개인의 잠재적 창업만을 의미하는 것은 아니다. 자원 지원은 정보 습득 및 상담 등 다양한 측면의 지원을 제공한다. 가족 자원 지원은 개인의 업무 효율성과 창업 과정에서 발생하는 문제와 어려움을 처리하는 능력을 향상시킬 수 있다(Greenhaus & Beutell, 1985). 따라서 가족 지원은 창업 심리학과 행동에 중요한 역할을 할 가능성이 높다. 또한 가족 지원에는 두 가지 다른 수준이 포함될 수 있다. 하나는 가족이 금전적 지원, 네트워크 자원 지원 등 가시적인 자원 지원을 제공하는 것이다. 또 다른 측면은 정신적인 측면에서의 지원이다. 가족의 정서적 격려와 지원은 잠재적 창업가가 자신의 사업을 시작하는 과정에서 더 자신감을 갖게 해준다. 개인이 스스로 창업 정체성이나 창업 의향을 가지고 있더라도 가족이 이를 이해하지 못하거나 지원하지 않는다면, 그들은 창업 열의와 의향을 다시 평가하고 변경할 수 있다.

따라서 가족 지원 수준이 높은 학생들은 창업 접촉에 영향을 받을 때 창업 정체성과 창업 의향이 더 강해질 것이며, 창업에 대한 가족의 지원을 받지 못하면 창업 정체성과 창업 의향이 약화 될 것이다. 반면 가족 지원이 낮은 학생들은 창업 접촉의 영향에 의해 창업 정체성과 창업 의향이 수동적으로 결정된다. 이를 바탕으로 이 연구는 다음과 같은 가설을 제시한다.

H5 가족 지원은 대학생의 창업 정체성에 대한 창업 접촉과 가족 지원 간의 관계를 긍정적으로 조절한다.

H5a 가족 지원은 대학생의 창업 정체성에 대한 간접적인 창업 접촉과 가족 지원 간의 관계를 긍정적으로 조절한다.

H5b 가족 지원은 대학생의 창업 정체성에 대한 직접적인 창업 접촉과 가족 지원 간의 관계를 긍정적으로 조절한다.

H6 가족 지원은 대학생의 창업 의향에 대한 창업 접촉과 가족 지원 간의 관계를 긍정적으로 조절한다.

H6a 가족 지원은 대학생의 창업 의향에 대한 간접적인 창업 접촉과 가족 지원 간의 관계를 긍정적으로 조절한다.

H6b 가족 지원은 대학생의 창업 의향에 대한 직접적인 창업 접촉과 가족 지원 간의 관계를 긍정적으로 조절한다.

3.3.4 매개된 매개

창업 접촉은 개인에게 학습 및 모방의 예시를 제공할 뿐만 아니라 개인의 창업 동기와 기술을 향상시킨다. 가족 지원의 영향을 받는 개인은 어려움이나 실패에 직면하더라도 좌절하지 않고 항상 인내하며 끊임없이 시도하고 혁신하고 창조할 것이다. 게다가 가족으로부터 상대적으로 높은 지원을 받는 잠재적 창업가는 창업 소망을 실제 창업 행동으로 전환할 가능성이 더 높다.

반면 가족 지원이 상대적으로 낮으면 이러한 개별 창업가가 더 풍부한 창업 접촉을 받더라도 이를 실제 창업 행동으로 전환하기가 더 어려워진다. 따라서 창업 정체성을 통한 창업 접촉이 창업 의향에 미치는 간접적인 효과도 낮아질 것이다.

이 연구에서는 창업 정체성이 창업 접촉과 창업 의향의 관계를 매개하는 변수이며, 가족 지원은 창업 접촉과 창업 정체성 간의 관계를 조절하는 역할을 한다고 가정한다. 이를 바탕으로 이 연구에서는 다음과 같은 가설을 제시한다.

H7 가족 지원은 대학생의 창업 의향에 대한 창업 접촉과 창업 정체성의 매개 효과를 긍정적으로 조절한다.

H7a 가족 지원은 대학생의 창업 의향에 대한 간접적인 창업 접촉과 창업 정체성의 매개 효과를 긍정적으로 조절한다.

H7b 가족 지원은 대학생의 창업 의향에 대한 직접적인 창업 접촉과 창업 정체성의 매개 효과를 긍정적으로 조절한다.

요약하면, 이 연구에서 제시한 모든 가설은 표 4.2와 같이 요약된다.

표 4.2 이론적 가설 요약

가설	내용
H1	창업 접촉은 대학생의 창업 의향에 긍정적인 영향을 미친다.
H1a	직접적인 창업 접촉은 대학생의 창업 의향에 긍정적인 영향을 미친다.
H1b	간접적인 창업 접촉은 대학생의 창업 의향에 긍정적인 영향을 미친다.
H2	창업 접촉은 대학생의 창업 정체성에 긍정적인 영향을 미친다.
H2a	직접적인 창업 접촉은 대학생의 창업 정체성에 긍정적인 영향을 미친다.
H2b	간접적인 창업 접촉은 대학생의 창업 정체성에 긍정적인 영향을 미친다.
H3	창업 정체성은 대학생의 창업 의향에 긍정적인 영향을 미친다.
H4	창업 정체성은 창업 접촉이 대학생의 창업 의향에 미치는 영향을 매개한다.
H4a	창업 정체성은 직접적인 창업 접촉이 대학생의 창업 의향에 미치는 영향을 매개한다.
H4b	창업 정체성은 간접적인 창업 접촉이 대학생의 창업 의향에 미치는 영향을 매개한다.
H5	가족 지원은 창업 접촉과 대학생의 창업 정체성 간의 관계를 긍정적으로 조절한다.
H5a	가족 지원은 간접적인 창업 접촉과 대학생의 창업 정체성 간의 관계를 긍정적으로 조절한다.
H5b	가족 지원은 직접적인 창업 접촉과 대학생의 창업 정체성 간의 관계를 긍정적으로 조절한다.
H6	가족 지원은 창업 접촉과 대학생의 창업 의향 간의 관계를 긍정적으로 조절한다.
H6a	가족 지원은 간접적인 창업 접촉과 대학생의 창업 의향 간의 관계를 긍정적으로 조절한다.
H6b	가족 지원은 직접적인 창업 접촉과 대학생의 창업 의향 간의 관계를 긍정적으로 조절한다.
H7	가족 지원은 창업 정체성이 창업 접촉과 대학생의 창업 의향 간의 관계를 매개하는 효과를 긍정적으로 조절한다.
H7a	가족 지원은 창업 정체성이 간접적인 창업 접촉과 대학생의 창업 의향 간의 관계를 매개하는 효과를 긍정적으로 조절한다.
H7b	가족 지원은 창업 정체성이 직접적인 창업 접촉과 대학생의 창업 의향 간의 관계를 매개하는 효과를 긍정적으로 조절한다.

제4장 연구 설계

4.1 설문지 설계

설문조사 연구 방법은 일반적으로 정량적 경영 연구 과정에서 사용된다(陈晓萍, 徐淑英 & 樊景立, 2012). 이 설문조사 방법은 많은 장점과 특징을 가지고 있다. 먼저, 상대적으로 짧은 시간에 데이터 수집을 완료할 수 있으며, 설문조사는 상대적으로 저렴하고 경제적인 연구 방법이다. 설문지의 질이 최종 조사 결과에 중요한 영향을 미치기 때문에 설문지 작성은 중요한 문제다. 설문지가 과학적이고 합리적으로 작성되어야만 설문지의 신뢰성과 타당성을 보장할 수 있다. 이 장에서는 제3장에서 제시한 이론적 틀을 바탕으로 기존의 권위 있는 문헌을 참고하고, 기존의 고전적인 척도를 중국의 실제 상황과 결합하여 설문지 설계의 기본 원칙을 엄격하게 준수하여 결과를 작성하였다.

4.1.1 설문지 작성 과정

본 연구의 설문지는 다음 두 가지 구체적인 과정으로 작성되었다.

첫 번째는 설문지의 초안을 작성하는 것이다. 기존의 고전적인 창업 의향, 창업 정체성, 가족 지원 등에 대한 문헌 척도 중 상대적으로 신뢰성과 타당성이 양호한 척도를 참고하여 본 연구에 사용하였으며, 그런 다음 설문지 초안 작성에 대해 종합적으로 고려하였다. 중국의 현재 실제 창업 배경과 조사 대상인 대학생 그룹의 특성을 바탕으로 하고, 많은 전문가와 학자들의 의견을 종합적으로 수렴하여 척도를 지속적으로 수정하여 설문지의 품질을 최대한 높일 수 있도록 하였다.

두 번째는 예비 조사이다. 설문지가 과학적이고 효과적인지를 보장하고 정식 조사에서 발생할 수 있는 일부 문제를 방지하기 위해 정식 조사 전에 예비 조사를 실시하였다. 예비 조사는 광시사범대학교, 난닝 직업기술대학, 구이린 의과대학, 광시과학기술대학을 연구 대상으로 하였다. 조사 대상자의 피드백 데이터와 탐색적 요인 분석 결과를 결합하여 설문지에서 편향되기 쉬운 문항을 수정하고 조정하여 최종 설문지 초안을 작성하였다.

4.1.2 설문지 구조

본 연구의 설문지는 네 가지 요소로 구성되어 있으며, 그 내용은 다음과 같다. 첫째, 소개이다. 이 부분에서는 조사 대상자에게 설문 조사의 목적과 의의를 간략하게 설명한다. 동시에 본 연구의 조사자를 소개하고, 설문지를 작성할 때 관련 요구사항과 주의사항을 설명한다. 둘째, 이 부분은 설문지의 주요 부분이다. 본 연구에서 언급한 네 가지 주요 변수인 창업 접촉, 창업 정체성, 가족 지원, 창업 의향을 종합적이고 과학적으로 조사하고 측정하였다. 셋째, 조사 대상자의 성별, 대학 유형, 학력, 전공 등 기본 정보를 포함한다. 넷째, 결론적 의견이다.

4.2 변수 설계 및 측정

본 연구는 권위 있는 문헌의 데이터를 참고하고 중국의 구체적인 국가 상황을 결합하였으며, 다수의 전문가와 연구자의 자문을 거쳤다. 예비조사 방법을 통해 최종 연구 척도를 얻었다. 창업 접촉을 제외하고 이 논문에서 사용하는 연구 척도는 리커트Likert 5점 척도를 사용한다. "1"은 "매우 그렇지 않다"를, "5"는 "매우 그렇다"를 의미한다.

1. 설명 변수

본 연구의 설명 변수는 창업 의향이다. 첸(Chen, 1998)은 창업 의향 벡터 테이블의 개발을 위해 창업 관심, 창업 고려도, 창업 준비도, 창업을 위한 노력, 미래 발전 등의 관점에서 창업 의향을 측정하는 다섯 가지 지표를 개발하였으며, 이는 널리 검증되었다. 장민(张敏, 2011)은 첸 등(Chen, 1998), 자오 등(Zhao, 2005), 리난과 첸(Linan & Chen, 2009)의 연구 결과를 대학생의 특수한 상황에 맞게 통합하여 여섯 가지 지표에 대한 측정 척도를 개발하였다. 대학생의 특성을 고려하여 장민(张敏, 2011)의 창업 의향 성숙도 척도를 채택하였다.

여섯 가지 지표는 다음과 같다.

1. 나는 창업가가 되기 위해 무엇이든 할 준비가 되어 있다.
2. 나의 직업적 목표는 창업가가 되는 것이다.

3. 나는 창업하고 운영하는 데 최선을 다할 것이다.

4. 나는 미래에 창업을 하기로 결심했다.

5. 나는 미래에 창업을 고려해 본 적이 있다.

6. 나는 언젠가 창업을 하겠다는 확고한 의지가 있다.

2. 변수 설명

본 연구에서 다루는 설명 변수는 창업 접촉으로, 직접적인 창업 접촉과 간접적인 창업 접촉의 두 가지 수준에서 측정된다. 크루거(Krueger, 1993)는 창업 접촉 측정에 대해 "부모가 창업을 했는지", "친척이나 친구가 창업을 했는지", "개인이 신규 또는 소규모 회사에서 일한 적이 있는지", "개인이 창업을 한 적이 있는지" 등 네 가지 질문을 했다. 첫 번째 두 질문은 역할 모델, 즉 간접적인 창업 접촉을 측정하기 위한 것이고, 나머지 두 질문은 개인의 창업 경험, 즉 직접적인 창업 접촉을 측정하기 위한 것이다. 우리는 두 가지 시스템 코드("예" 코드는 1, "아니오" 코드는 0)를 사용하며, 각 지표의 점수를 합산하여 창업 접촉의 두 가지 차원을 측정한다.

네 가지 지표는 다음과 같다.

1. 부모님이 창업한 적이 있다.

2. 친척이나 친구가 창업한 적이 있는가?

3. 나는 소규모 또는 신규 설립된 회사에서 일한 적이 있다.

4. 나는 창업한 적이 있다.

3. 매개 변수

창업 정체성은 창업가의 역할과 가치에 대한 개인의 정체성 인식이다. 칼레로(Callero, 1985)와 티어니와 인타이어(Tierney & Intyre, 2003)의 척도를 바탕으로 파머(Farmer, 2011)는 두 개의 서로 다른 문화 국가인 중국과 미국에서 파일럿 실험과 역번역을 통해 6개의 지표로 구성된 5단계의 창업 정체성을 개발하였다. 이 척도는 창업가가 되기 위한 자기 개념의 중요성을 반영하며 내적 신뢰도는 0.92이다. 창업 정체성의 측정을 위해 파머(Farmer, 2011)의 높은 신뢰도를 가진 창업 정체성 측정 척도를 채택하였다.

여섯 가지 지표는 다음과 같다.

1. 나는 종종 창업가가 되는 것을 생각한다.
2. 나는 나 자신을 창업가로 보고 싶다.
3. 창업가가 되는 것은 나의 중요한 일부가 될 것이다.
4. 그것에 대해 생각할 때, "창업가"라는 용어는 나에게 꽤 잘 맞을 것이다.
5. 나는 항상 창업가가 되는 것을 생각하고 있다.
6. 나의 창업 열망을 표현하는 것이 중요하다.

4. 조절 변수

이 논문에서 조절 변수는 가족 지원이다. 가족 지원 척도는 파월과 에디슬턴(Powell & Eddleston, 2011), 킹, 매티모어, 킹, 애덤스(King, Mattimore, King & Adams, 1995), 원 로우(温柔, 2008), 루룽(吕荣, 2011), 돤 메이(段美, 2011)를 바탕으로 양다오젠, 자오 시창, 첸 원쥐안, 주융위에(杨道建, 赵喜仓, 陈文娟 & 朱永跃, 2014)가 수정한 가족 창업 지원 척도를 사용한다. 이 척도는 다음과 같은 4개의 지표를 포함한다.

1. 가족 구성원들은 창업을 매우 지지해 줄 것이다.
2. 가족 구성원들은 재정적 지원을 제공할 수 있다.
3. 가족 구성원들은 일정한 네트워크 자원을 제공할 수 있다.
4. 가족 구성원들은 내가 창업가가 된다면 나를 높게 평가할 것이다.

5. 통제 변수

성별 분류는 남성은 1, 여성은 2로 구분한다. 교육은 전문대 1, 학부 2, 대학원 3으로 구분한다. 전공은 과학기술 1, 경제 경영 2, 인문학, 법학, 철학, 사회학 3, 농업, 의학 4, 기타 5로 구분한다. 대학 분류는 직업 대학 1, 일반 대학 2, 211 또는 985 대학 3으로 구분한다. 이 연구의 회귀 분석에서는 통제 변수를 가상화한 후 가설 검증을 수행한다.

4.3 설문조사 및 데이터 수집

4.3.1 조사 대상자 선정

본 연구는 대학생을 연구 대상으로 선정하였으며, 이들의 학력은 대학, 학부, 대학원생을 포함한다. 지역과 전공이 다르기 때문에 대학생의 개인적인 창업 의향에 미치는 영향이 다를 수 있다. 따라서 본 연구는 광시성 6개 도시의 10개 대학과 대학교를 선정하여 실제 조사와 연구를 진행하였다.

4.3.2 설문지 배포 및 수집

본 연구의 엄격성과 과학적 수준을 보장하기 위해 다양한 방법을 사용하였으며, 다양한 채널을 통해 여러 단계에서 설문 조사 업무를 시작하였다.

첫 번째는 예비 조사 단계다. 예비 조사 단계는 2019년 3월부터 2019년 4월까지 진행되었다. 이 예비 조사 단계에서는 광시사범대학교, 난닝직업기술대학, 구이린 의과대학, 광시 과학기술대학을 대상으로 예비 조사를 실시하였다. 이 대학생들은 세 개의 다른 도시, 다른 전공, 다른 학력에서 왔으며, 조사 요건을 충족한다. 이 조사에서는 총 200부의 설문지가 배포되었으며, 최종적으로 유효한 152개의 샘플을 얻었으며, 유효 회수율은 76%다. 예비 조사 단계에서는 요인 분석을 실시하여 척도의 신뢰성과 타당성을 보장한다.

두 번째는 정식 조사 단계다. 예비 조사가 완료된 후에는 설문지의 편향을 수정하여 최종 설문지 초안을 얻을 필요가 있었다. 이 조사에서는 연구자가 여러 대학의 교사와 동문들과 연락을 취하여 위챗 그룹과 QQ 그룹을 만들었다. 우리는 온라인 커뮤니케이션과 온라인 설문지를 통해 정식 연구를 완료했다. 이 형식은 설문지 데이터 수집의 효율성을 크게 향상시킬 수 있으며, 시간을 절약하고 설문조사 연구의 최종 품질을 향상시킬 수 있다.

정식 조사 단계는 2019년 5월부터 2019년 11월까지 진행되었다. 총 1,000부의 설문지가 배포되었으며, 최종적으로 776개의 유효한 샘플을 얻었으며, 유효 회수율은 77.6%다.

4.4 데이터 분석 방법

1. 데이터 분석 방법

본 연구에서는 SPSS 25.0, Excel 2010 및 Process를 데이터 처리 및 분석에 사용하였다. 기술 통계 분석, 신뢰도 및 타당도 분석, 분산 분석, 상관 관계 분석, 회귀 분석 등의 통계 분석 방법을 사용하였다.

2. 기술 통계 분석

기술 통계는 원자료를 일정한 형태로 변환하는 것으로, 이렇게 변환된 자료는 특정 상황에서의 요인 집합을 설명할 수 있다(Sekaran, 2013). 일반적으로 빈도, 중심 경향 지표, 분산 지표 등을 포함한다. 본 연구에서는 대학생의 개인 특성, 창업 접촉, 창업 정체성, 가족 지원, 창업 의향에 대한 기술 통계를 실시한다.

3. 신뢰성 및 타당성 분석

신뢰도와 타당도는 적절한 척도나 적절한 테스트를 사용하는 데 있어 두 가지 주요한 특징이다(吳明隆 & 涂金堂, 2012). 신뢰도는 여러 번 반복된 테스트 후에도 얻은 구조가 일관되거나 안정적임을 의미한다(吳明隆 & 涂金堂, 2012). 일반적으로 "크론바흐Cronbach의 알파(α)" 계수를 사용하여 척도의 신뢰도를 테스트한다. 크론바흐의 알파 값이 0.7 이상이면 최소 허용 가능한 신뢰도 값을 나타내며, 이는 척도의 변수와 차원이 서로 일치함을 의미한다. 타당도는 점수의 정확도를 측정하는 것이다. 일반적으로 말하면, 테스트는 원래 알고자 했던 모든 심리적 특성을 측정할 수 있다(Wu Minglong & Tu Jintang, 2012). 내용 타당도, 수렴 타당도, 판별 타당도의 세 가지 유형의 타당도가 있다.

SPSS를 사용하여 창업 정체성, 가족 지원, 창업 의향의 각 항목의 표준화된 요인 적재값을 계산하고, 그런 다음 복합 C와 AVE를 계산함으로써 본 연구의 수렴 타당도를 테스트할 수 있다. AVE의 제곱근과 잠재 변수의 상관 계수 값을 비교할 수 있다. 그런 다음 판별 타당도를 테스트하였다.

4. 상관분석 및 회귀분석

상관관계 분석은 주로 한 변수의 변화가 다른 변수의 변화에 미치는 영향을 연구하고 분석하는 것이다. 경영학의 실증 연구 분야에서는 일반적으로 피어슨Pearson 상관 행렬을 사용하여 두 변수 간의 관계를 분석한다. 일반적으로 피어슨 계수를 구체적인 분석 지표로 선택한다. r로 표현되며, $-1 \leq r \leq 1$이므로 척도의 판별 타당도를 테스트할 수 있다. 회귀분석은 하나의 독립 변수를 사용하여 다른 변화를 예측하는 것으로 비대칭 설계이다(邱皓政, 2000). 회귀분석에 가장 많이 사용되는 방법은 최소 제곱법이다. 최소 제곱법을 사용하면 회귀선의 제곱 오차의 합을 최소화할 수 있다(马信行, 1999).

제5장 데이터 분석 및 가설 검증

5.1 기술 통계 분석

본 장에서는 이전의 이론적 검토, 이론적 모델, 연구 가설, 연구 설계 등을 바탕으로 설문조사에서 수집한 모든 관련 데이터를 통계적으로 정리하고 분석하였다. 먼저, 수집한 모든 설문조사 샘플에 대해 기술 통계 분석을 실시하였다. 그런 다음 이 데이터에 대한 신뢰도, 타당도, 공통 방법 편향을 테스트한다. 세 번째로, 위에서 언급한 모든 연구 가설을 검증하는 것이다. 마지막으로, 경험적 결과에 대한 귀납적 요약을 하였다.

본 연구에서는 설문 조사 방법을 사용하여 필요한 모든 데이터와 정보를 수집하였다. 데이터를 분석하고 검증할 때는 Excel 2010, Process, 통계 소프트웨어 SPSS 25.0을 사용하였다. 본 연구에서 얻은 유효한 연구 샘플 수는 776개다. 샘플의 대학생 개인 특성, 창업 접촉, 창업 정체성, 가족 지원, 창업 의향에 대한 자세한 기술 통계는 다음과 같다.

5.1.1 개인적 특성

1. 성별

본 설문 조사의 대학생 성별 분포는 표 5.1과 같다. 남성은 52.7%, 여성은 47.3%로 남성이 약간 더 많다. 2018년 광시 교육부가 발표한 대학생 데이터에 따르면 남성 비율은 54.2%이다. 본 논문에서 연구한 샘플의 성별 분포는 광시의 특성과 기본적으로 일치한다.

표 5.1 성별 설명

설명	빈도수	백분율(%)
여	367.00	47.30
남	409.00	52.70
합계	776.00	100.00

2. 대학 유형

대학 유형의 구체적인 분포는 표 5.2와 같다. 전문대학 24.5%, 일반 대학 58%, 211 또는 985 대학 17.5%로 일반 대학이 가장 높은 비율을 차지한다. 2018년 광시 교육부의 관련 데이터에 따르면 일반 대학에 재학 중인 대학생 수가 가장 많으며, 비율은 53.6%다. 본 논문에서 연구한 샘플의 대학 유형 분포는 광시의 특성과 기본적으로 일치한다.

표 5.2 대학 유형 설명

설명	빈도수	백분율(%)
전문대학	190.00	24.50
일반대학	450.00	58.00
211/985 대학	136.00	17.50
합계	776.00	100.00

3. 교육

본 연구의 설문 대상자의 교육 분포는 표 5.3과 같다.

교육 분포는 전문대 27.8%, 학부 65.2%, 대학원 7%다. 학부생의 비율이 가장 높다. 2018년 광시 교육부가 발표한 대학생 데이터에 따르면 학사 학위를 가진 대학생 수가 가장 많으며, 비율은 54%다. 본 논문에서 연구한 샘플의 교육 분포는 광시의 특성과 기본적으로 일치한다.

표 5.3 교육 유형 설명

설명	빈도수	백분율(%)
전문대학	216.00	27.80
일반대학	506.00	65.20
대학원	54.00	7.00
합계	776.00	100.00

4. 전공

본 연구의 조사 대상자의 전공 분포는 표 5.4에 나와 있다. 대학생들의 전공별 구체적인 분포는 과학기술 36%, 경제경영 18.4%, 인문학, 법학, 철학 및 사회과학 13.9%, 농학 및 의학 8.4%, 기타 전공 23.2%로, 과학기술 전공 대학생의 비율이 가장 높다.

표 5.4 전공 설명

설명	빈도수	백분율(%)
이공계	280.00	36.10
경제 및 경영	143.00	18.40
인문학, 법학, 철학, 사회	108.00	13.90
농업과 의학	65.00	8.40
기타 과목	180.00	23.20
합계	776.00	100.00

5.2 신뢰도와 타당도

1. 신뢰도

본 논문에서는 SPSS 25.0을 사용하여 창업 정체성, 가족 지원, 창업 의향의 신뢰도를 분석하고 검증하였다. 테스트 데이터의 구체적인 분석 결과, 모든 항목의 변수 상관 관계의 크론바흐의 알파 값이 0.8을 초과한다. 이는 본 연구에서 사용한 설문지의 신뢰도가 상대적으로 높다는 것을 의미한다.

표 5.5 탐색적 요인 분석과 변수의 신뢰도

변수	내용	요인1	요인2	요인3	크론바흐 알파
창업가의 정체성	나는 항상 창업가가 되는 것을 생각하고 있다.	0.789	0.321	0.134	0.9
	창업가가 되는 것은 나의 중요한 일부가 될 것이다.	0.779	0.279	0.201	
	나는 스스로를 창업가로 보고 싶다.	0.748	0.192	0.198	
	생각해 보면 '창업가'라는 용어가 나에게 잘 어울릴 것 같다.	0.738	0.323	0.209	
	나는 종종 창업가가 되는 것을 생각한다.	0.733	0.22	0.127	
	나의 창업가적 열망을 표현하는 것이 중요하다.	0.704	0.247	0.208	
창업가의 의향	나는 미래에 회사를 창업하기로 결심했다.	0.305	0.837	0.199	0.93
	나는 미래에 회사를 창업하기 위해 매우 진지하게 생각하고 있다.	0.325	0.819	0.18	
	단기적으로 나의 직업적 목표는 사업을 시작하는 것이다.	0.35	0.752	0.248	
	나는 회사를 창업하고 운영하기 위해 모든 노력을 다할 것이다.	0.326	0.752	0.257	
	나는 언젠가 미래에 나만의 회사를 창업할 계획이다.	0.393	0.72	0.211	

	나는 창업가가 되기 위해 무엇이든 할 준비가 되어 있다.	0.111	0.69	0.317	
가족 지원	내가 창업가가 되면 가족들은 나를 높이 평가할 것이다.	0.089	0.224	0.83	0.81
	부모님이나 친척들은 특정 네트워크 자원을 제공할 수 있다.	0.144	0.219	0.823	
	부모님이나 친척들은 창업을 지원한다.	0.351	0.233	0.648	
	부모님이나 친척들은 일정한 재정적 지원을 제공할 수 있다.	0.295	0.244	0.585	
고유값		8.2542	1.522	1.2363	
공통 분산		26.255	26.255	16.691	
누적 공통 분산		26.255	52.137	68.828	
KMO = 0.932, Bartlett ($\chi2$ = 8488.15, df = 120, p <. 001)					

2. 타당성

내용 타당성, 수렴 타당성, 판별 타당성의 세 가지 지표를 통해 해당 변수의 타당성을 검증할 수 있다(Sekaran, 2013).

(1) 내용 타당도

헤인즈Haynes 등(1995)은 내용 타당도 지수가 기본적으로 연구자들이 측정하고 탐구하는 가장 실제적인 아이디어를 반영한다고 믿는다. 본 연구의 척도는 참고 자료 및 관련 문헌 자료로 사용되며, 이 참고 자료들은 경험적 연구를 거쳤으며 상대적으로 높은 신뢰도와 타당도가 입증되었다. 뿐만 아니라, 본 설문지를 설계할 때 연구자들은 중국의 현재 실제 상황을 충분히 고려하였다. 또한 정식 조사 전에 예비 조사를 실시하고 많은 전문가와 학자들과 함께 종합적이고 심층적인 논의를 진행하였으며, 일부 질문에 대해서는 여러 번 수정 및 수정을 거쳤다. 따라서 본 연구는 상대적으로 타당도를 가진다고 할 수 있다.

(2) 수렴 타당도

포넬과 라커(Fornell and Larcker, 1981)의 연구에 따르면 요인 적재값이 0.5를 초과하고 변수의 복합 신뢰도(CR) 값이 0.7을 초과하며 변수의 평균 분산 추출(AVE) 값이 0.5보다 크면 이 척도의 수렴 타당도가 상대적으로 좋다고 한다. 표 5.6의 관련 데이터에 따르면 본 연구의 모든 항목의 표준화된 요인 적재값이 0.58을 초과하고 KMO 값이 0.93으로, 이는 본 논문에서 선택한 척도가 요인 분석에 사용될 수 있음을 의미한다. 최소 누적 분산 설명도가 0.87%로, 이는 모든 척도의 구성 타당도가 상대적으로 좋음을 나타낸다. 또한 모든 변수의 CR 값이 0.8을 초과하고 AVE 값이 0.6을 초과한다. 전반적으로 본 연구의 모든 척도는 상대적으로 좋은 수렴 타당도를 가지고 있다.

(3) 판별 타당도

상관관계 행렬을 기반으로 본 연구는 변수의 제곱근 AVE와 변수의 상관 계수를 비교한다. 전자의 숫자가 후자의 숫자보다 크다면 판별 타당도가 좋다는 것을 의미한다(Fornell & Larcker, 1981). 창업 정체성, 가족 지원, 창업 의향의 세 변수의 AVE 값의 제곱근을 자세히 비교한 결과, 전자의 숫자가 후자의 숫자보다 훨씬 크다. 이는 본 연구의 설문지의 판별 타당도가 상대적으로 양호하다는 것을 의미한다.

표 5.6 변수의 판별 타당도 분석

변수	내용	요인1	요인2	요인3	요인4	요인5
창업 정체성	나는 종종 창업가가 되는 것에 대해 생각한다.	0.79	0.318	0.126	0.054	-0.004
	나는 스스로를 창업가로 보고 싶다.	0.78	0.277	0.189	0.055	-0.014
	창업가가 되는 것은 나에게 중요한 부분이 될 것이다.	0.75	0.192	0.191	0.02	-0.007
	생각해 보면 '창업가'라는 용어가 나에게 꽤 잘 어울리는 것 같다.	0.74	0.308	0.201	0.123	0.041
	나는 항상 창업가가 되는 것을 생각하고 있다.	0.734	0.218	0.119	0.048	-0.017
	나의 창업가적 열망을 표현하는 것이 중요하다.	0.706	0.242	0.202	0.054	-0.007
창업 의향	나는 창업가가 되기 위해 무엇이든 할 준비가 되어 있다.	0.304	0.837	0.191	0.082	-0.031
	나의 직업적 목표는 창업가가 되는 것이다.	0.325	0.823	0.173	0.051	-0.014
	나는 창업하고 운영하기 위해 최선을 다할 것이다.	0.328	0.752	0.256	0.044	0.057
	나는 미래에 창업하기로 결심했다.	0.352	0.743	0.244	0.109	0.082
	나는 미래에 창업을 고려해 본 적이 있다.	0.393	0.724	0.204	0.046	0.091
	나는 언젠가 창업하겠다는 확고한 의지가 있다.	0.114	0.665	0.313	0.202	-0.01
가족 지원	가족들은 창업을 적극적으로 지지해 줄 것이다.	0.098	0.212	0.83	0.096	-0.071
	가족들은 재정적인 지원을 제공할 수 있다.	0.152	0.212	0.82	0.069	-0.041
	가족들은 특정한 네트워크 자원을 제공할 수 있다.	0.355	0.25	0.639	-0.032	-0.07
	내가 창업가가 된다면 가족들은 나를 높이 평가할 것이다.	0.297	0.262	0.573	-0.021	-0.063
창업 노출	나는 소규모 또는 신생 기업에서 일한 적이 있다.	0.011	0.074	-0.062	0.807	0.016
	나는 창업을 한 적이 있다.	0.128	0.124	0.145	0.7	-0.204
	부모님이 창업을 한 적이 있다.	0.024	0.021	0.475	0.207	0.666
	친척이나 친구가 창업을 한 적이 있다.	0.102	0.074	0.376	0.248	0.586
고유값		8.4626	1.5787	1.3485	1.2698	1.0764
공통 분산		21.499	20.813	13.704	6.316	5.719
누적 공통 분산		21.499	42.311	56.015	62.331	68.05
KMO = 0.931, Bartlett ($\chi 2$ = 8753.02, df = 190, p <. 001)						

5.3 공통 방법 편향

설문 조사 방법은 흔히 사용되는 연구 방법 중 하나다. 운영이 편리하고 비용이 상대적으로 저렴하다는 등 여러 가지 장점과 특징을 가지고 있다. 그러나 이 설문 조사 방법에도 몇 가지 단점과 문제점이 있다. 그 중 가장 큰 문제는 수집된 데이터가 참가자 본인의 보고를 기반으로 하기 때문에 편차가 있을 수 있다는 것인데, 이를 공통 방법 분산(Common Method Variance)이라고 한다. 공통 방법 편향은 최종 통계와 연구 분석 결과에 다소 편향을 초래할 수 있다(陈晓萍, 徐淑英 & 樊景立, 2012). 이러한 편차의 발생 확률을 효과적으로 줄이고 그 효과를 강화하기 위해, 본 설문지의 초기 부분에서는 조사 대상자의 기밀성 원칙을 강조한다. 또한, 본 설문지의 독립 변수와 종속 변수 항목은 함께 배치하지 않았다. 마지막으로, 본 연구의 설문지는 사전 조사와 정식 조사의 두 부분으로 나누었다. 이러한 조치를 통해 편차가 발생할 확률을 효과적으로 피할 수 있다.

본 연구에서는 할먼Harman 단일 요인 테스트를 사용하여 설문지의 모든 항목에 대해 탐색적 요인 분석을 실시한다. 이를 통해 공통 방법 편차를 효과적으로 제어하고 도출된 결론의 정확성을 보장할 수 있다.

5.4 가설 검증

5.4.1 관련 분석

모든 변수에 대해 상관관계 분석을 실시하였으며, 구체적인 분석 결과는 표 5.7에 제시되어 있다. 창업 접촉은 창업 정체성과 창업 의향과 양의 상관관계가 있으며, 직접 창업 접촉과 간접 창업 접촉 모두 창업 정체성과 창업 의향과 양의 상관관계가 있다. 창업 정체성은 창업 의향과 양의 상관관계가 있으며, 가족 지원은 창업 정체성과 창업 의향과 양의 상관관계가 있다. 본 연구에서 수행한 다양한 변수의 상관관계 분석에 따르면, 다양한 변수는 상호 영향을 미치고 영향을 미치는 것으로 나타났다. 그러나 위에서 언급한 일련의 가설을 보다 정확하게 검증하기 위해서는 추가적인 회귀 분석이 필요하다.

5.4.2 회귀분석

헤어Hair 등(1998)의 관련 연구에 따르면 모델 VIF 값이 10 미만이면 다중공선성의 효과가 뚜렷하지 않다는 것을 의미한다. 본 연구에서는 각 모델의 VIF를 테스트하였다. 그 결과, 각 모델의 VIF 값이 3.8 미만으로 나타나, 본 연구에서는 강한 다중공선성 효과가 나타나지 않음을 보여준다. 회귀분석 전에 각 통제변수에 대해 가상화 처리 작업을 수행하고, 데이터에 대해 중심화 처리 작업을 수행한다. 마지막으로 선형 회귀 모델을 구축하여 본 연구에서 제시한 가설을 추가로 검증한다.

표 5.7 평균, 표준 편차 및 상관 계수

설명	평균	SD	크론 알파	AVE	1	2	3	4	5	6	7	8	9	10
(1) 성별	.53	.50			1.00									
(2) 교육	1.79	.55			-.171**	1.00								
(3) 대학 유형	1.93	.65			.146**	.731**	0.42**	1.00						
(4) 전공	2.64	1.59			.232**	-.158**	-.03	-.133**	1.00					
(5) 간접 창업 접촉	1.54	.58			-.01	0.085*	.06	.97**	-.01	1.00				
(6) 직접 창업 접촉	.34	.58			-.03	.01	.04	.02	.01	.04	1.00			
(7) 창업 정체성	3.07	.66	.90	.67	.06	.00	.02	-.02	.072*	.224**	.189**	**.82**		
(8) 가족 지원	2.97	.71	.81	.63	.04	.00	-.01	-.02	.04	.296**	.152**	.534**	**.79**	
(9) 창업 의향	2.62	.78	.93	.73	.01	.03	.04	.03	.03	.252**	.253**	.675**	.604**	**.85**

표 5.8 회귀 분석

변수 결과		창업가적 정체성			창업가적 의향				
	모델1	모델2	모델3	모델4	모델5	모델6	모델7	모델8	모델9
상수	2.94	2.546***	2.585***	2.869***	2.49	1.931***	2.028***	2.378***	.13
성별	.10*	.125*	.109*	.118*	.01*	.03	.01*	.03	-.08
교육	.10	.13	.10	.12	-.01	.03	-.01	.03	-.09
대학 유형	-.08	,-.12*	-.11	-.10	.02	-.03	-.01	.00	.09
전공	.02	.02	.02	.02	.02	.01	.02	.01	.00
창업 접촉		.234***				.342***			
간접 창업 접촉			.262***				.341***		
직접 창업 접촉				.221***				.331***	
창업 정체성									.803***
R2	.01	.10	.06	.05	.00	.13	.07	.07	.46
Adj.R2	.00	.09	.06	.04	.00	.12	.06	.06	.46
F	1.63	13.536***	8.49***	6.356***	.44	18.297***	8.989***	9.088***	109.265***
D Watson	2.10	2.08	2.07	2.10	1.96	1.96	1.95	1.96	1.96

* p〈0.05, ** p〈0.01

1. 창업 접촉이 창업 의향에 미치는 영향

표 5.8의 모델 6, 모델 7, 모델 8의 결과에 따르면, 창업 접촉은 창업 의향의 변동의 34.2%를 잘 설명할 수 있으며, 두 변수 간에는 유의한 양의 상관관계가 있다(β=0.342, p〈0.01). 직접 창업 접촉(β=0.331, p〈0.01)과 간접 창업 접촉(β=0.341, p〈0.01)도 창업 의향에 유의미한 양의 영향을 미친다. 가설 H1과 하위 가설 H1a, H1b가 모두 유효함을 입증할 수 있다. 이러한 결과를 바탕으로, 다양한 접촉 수단이 대학생들의 창업 의향에 유의한 양의 영향을 미친다는 것을 입증하였다. 회귀 계수를 비교해 보면, 간접 접촉이 대학생들의 창업 의향에 약간 더 유의한 영향을 미친다는 것을 알 수 있다.

2. 창업 접촉과 창업 의향 사이의 창업 정체성 매개 효과

(1) 창업 접촉이 창업 정체성에 미치는 영향

모델 2, 모델 3, 모델 4는 창업 접촉과 그 두 가지 다른 차원이 창업 정체성에 미치는 영향을 테스트하였다. 결과에서 알 수 있듯이 창업 접촉은 창업 정체성의 변동의 23.4%를 설명할 수 있으며, 창업 정체성과 유의한 양의 상관관계가 있다(β=0.234, p〈0.01). 직접 창업 접촉(β=0.221, p〈0.01)과 간접 창업 접촉(β=0.226, p〈0.01)도 창업 정체성에 유의한 양의 증진 유의성을 가지고 있다. 가설 H2, H2a, H2b가 입증되었다고 가정한다.

(2) 창업 정체성이 창업 의향에 미치는 영향

표 5.8에서 볼 수 있듯이, 모델 9는 창업 정체성이 창업 의향에 미치는 영향을 조사한 것이다. 분석 결과, 창업 정체성은 창업 의향의 변동의 80.3%를 설명하며, 창업 의향과 유의한 양의 상관관계가 있다(β=0.803, $p<0.01$). 가설 H3이 입증되었다.

(3) 창업 정체성의 매개효과 검증

창업 정체성의 매개효과를 검증하기 위해, 본 논문은 헤이즈와 앤드류(Hayes & Andrew, 2015)가 개발한 SPSS의 프로세스를 사용하고 부트스트랩 방법을 사용하여 매개 효과를 검증하였다. 표 5.9에 나타난 바와 같이 창업 정체성이 창업 접촉과 창업 의향 사이의 간접 효과가 0.17로 나타나, 창업 정체성이 창업 접촉과 창업 의향 간의 관계에서 매개 역할을 한다는 것을 보여준다. 가설 H4가 검증되었다. 간접 창업 접촉의 간접 효과는 0.20이고 직접 창업 접촉의 간접 효과는 0.17이다. 가설 H4a와 H4b가 모두 검증되었다.

표 5.9 매개 결과 분석

결과	효과	SE	z	P	
창업가적 접촉이 창업가적 의향에 미치는 영향					
창업 정체성	.17	.02	7.98	.00	
간접 창업가적 접촉이 창업가적 의향에 미치는 영향					
창업 정체성	.20	.03	6.28	.00	
직접 창업가적 접촉이 창업가적 의향에 미치는 영향					
창업 정체성	.17	.03	5.32	.00	

3. 가족 지원의 조절 효과

(1) 창업 접촉과 창업 정체성 간의 가족 지원의 조절 효과

창업 접촉과 창업 정체성 간의 가족 지원의 조절 효과를 검증하기 위해 Hayes와 Andrew(2015)가 개발한 SPSS의 Process 프로그램과 Bootstrap 방법을 사용하여 조절 효과를 검증하였다. 그 결과는 표 5.10과 그림 5.11에 나와 있으며, BootLLCI=0.06, BootULCI=0.17로, 즉 가족 지원은 창업 접촉과 창업 정체성 간의 관계에서 조절 역할을 한다는 것을 알 수 있다. 가설 H5가 검증되었다.

간접 창업 접촉과 창업 정체성 간의 관계에 대한 가족 지원의 조절 효과에 대한 회귀 데이터는 표 5.12와 그림 5.13에 나와 있으며, BootLLCI =0.04, BootULCI=0.23으로 나타나, 간접 창업 접촉과 창업 정체성 간의 관계에 대한 가족 지원의 조절 효과가 검증되었음을 나타낸다. 즉, 가설 H5a가 검증되었다. 직접 창업 접촉과 창업 정체성 간의 관계에 대한 가족 지원의 조절 효과에 대한 회귀 데이터는 표 5.14와 그림 5.15에 나와 있으며, BootLLCI=0.05, BootULCI=0.23으로 나타나, 직접 창업 접촉과 창업 정체성 간의 관계에 대한 가족 지원의 조절 효과가 검증되었음을 나타낸다. 가설 H5b도 검증되었다.

표 5.10 창업 접촉과 가족 지원의 상호작용이 창업 정체성에 미치는 영향

	coeff	se	T	p	LLCI	ULCI
상수	2.97	.09	34.95	.00	2.80	3.14
가족 지원 (FS)	.46	.03	15.59	.00	.40	.52
창업 접촉 (EC)	.11	.03	4.39	.00	.06	.16
창업 접촉과 가족 지원의 상호작용 (EC×FS)	**.12**	**.03**	**3.91**	**.00**	**.06**	**.17**
성별	.08	.05	1.76	.08	-.01	.17
교육	.07	.07	1.03	.30	-.07	.21
학년	.00	.02	.07	.94	-.03	.04
기술 획득 기회(TOS)	-.07	.05	-1.42	.16	-.17	.03
전공	.02	.01	1.23	.22	-.01	.04

표 5.11 가족 지원이 창업 접촉과 창업 정체성에 미치는 조절 효과

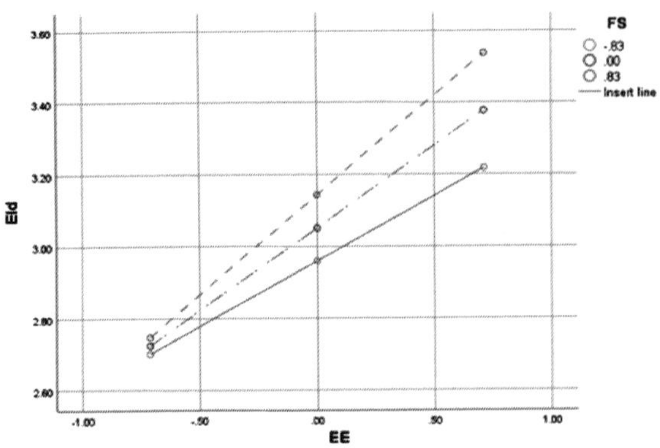

표 5.12 간접 창업 접촉과 가족 지원의 상호작용이 창업 정체성에 미치는 영향

	coeff	se	t	p	LLCI	ULCI
상수	2.98	.09	34.73	.00	2.82	3.15
가족 지원 (FS)	.48	.03	16.11	.00	.42	.53
간접 창업 접촉 (ECI)	.12	.04	3.10	.00	.04	.19
간접 창업 접촉과 가족 지원의 상호 작용(ECI×FS)	**.14**	**.05**	**2.91**	**.00**	**.04**	**.23**
성별	.07	.05	1.52	.13	-.02	.16
교육	.04	.07	.57	.57	-.10	.18
연령	.01	.02	.51	.61	-.03	.04
기술 획득 기회(TOS)	-.06	.05	-1.10	.27	-.16	.04
전공	.02	.01	1.21	.23	-.01	.04

표 5.13 가족 지원이 간접 창업 접촉과 창업 정체성에 미치는 조절 효과

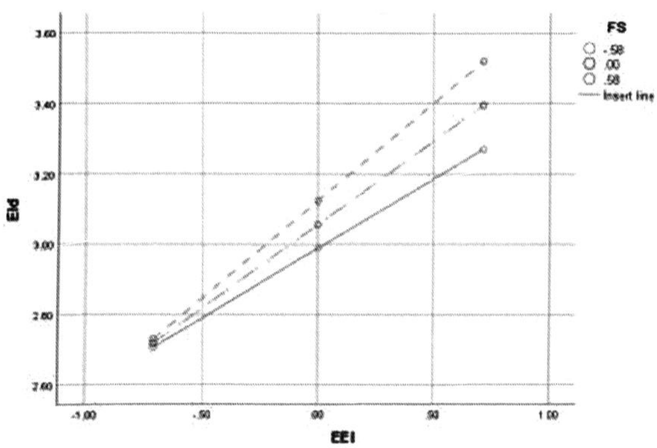

표 5.14 직접 창업 접촉과 가족 지원의 상호작용이 창업 정체성에 미치는 영향

	coeff	se	t	p	LLCI	ULCI
상수	2.96	.09	34.70	.00	2.80	3.13
가족 지원 (FS)	.48	.03	16.75	.00	.42	.53
직접 창업 접촉(ECD)	.10	.04	2.93	.00	.03	.18
직접 창업 접촉과 가족 지원의 상호 작용 (ECD × FS)	**.14**	**.05**	**2.96**	**.00**	**.05**	**.23**
성별	.07	.05	1.57	.12	-.02	.16
교육	.07	.07	1.04	.30	-.07	.22
연령	.00	.02	.10	.92	-.03	.04
기술 획득 기회(TOS)	-.06	.05	-1.25	.21	-.16	.04
전공	.02	.01	1.29	.20	-.01	.04

표 5.15 가족 지원이 직접 창업 접촉과 창업 정체성에 미치는 조절 효과

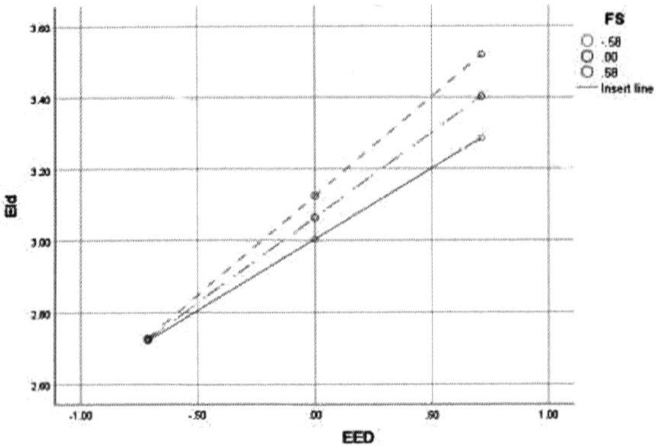

(2) 창업 접촉과 창업 의향 간의 가족 지원의 조절 효과

창업 접촉과 창업 의향 간의 가족 지원의 조절 효과를 검증하기 위해 Hayes와 Andrew(2015)가 개발한 SPSS의 Process 프로그램을 사용하고 Bootstrap 방법을 사용하여 조절 효과를 검증하였다. 그 결과는 표 5.16과 그림 5.17에 나와 있으며, BootLLCI=0.05, BootULCI=0.17로, 즉 가족 지원은 창업 접촉과 창업 의향 간의 관계에서 조절 역할을 한다는 것을 알 수 있다. 가설 H6이 검증되었다.

간접 창업 접촉과 창업 의향 간의 관계에 대한 가족 지원의 조절 효과에 대한 회귀 데이터는 표 5.18과 그림 5.19에 나와 있으며, BootLLCI=0.04, BootULCI=0.23으로 나타나, 간접 창업 접촉과 창업 의향 간의 관계에 대한 가족 지원의 조절 효과가 검증되었음을 나타낸다. 즉, 가설 H6a가 검증되었다.

직접 창업 접촉과 창업 의향 간의 관계에 대한 가족 지원의 조절 효과에 대한 회귀 데이터는 표 5.20과 그림 5.21에 나와 있으며, BootLLCI=0.02, BootULCI=0.22로 나타나, 직접 창업 접촉과 창업 의향 간의 관계에 대한 가족 지원의 조절 효과가 검증되었음을 나타낸다. 가설 H6b도 검증되었다.

표 5.16 창업 접촉과 가족 지원이 창업 의향에 미치는 상호작용 효과

	coeff	se	t	p	LLCI	ULCI
상수	2.54	.09	27.09	.00	2.36	2.73
가족 지원 (FS)	.61	.03	18.81	.00	.55	.67
창업 접촉 (EC)	.17	.03	5.96	.00	.11	.22
창업 접촉과 가족 지원 (EC×FS)	**.11**	**.03**	**3.40**	**.00**	**.05**	**.17**
성별	-.03	.05	-.53	.59	-.13	.07
교육	-.05	.08	-.62	.53	-.20	.10
연령	.02	.02	1.17	.24	-.02	.06
기술 획득 기회(TOS)	.04	.06	.68	.50	-.07	.15
전공	.01	.01	.39	.70	-.02	.03

표 5.17 가족 지원이 창업 접촉과 창업 의향에 미치는 조절 효과

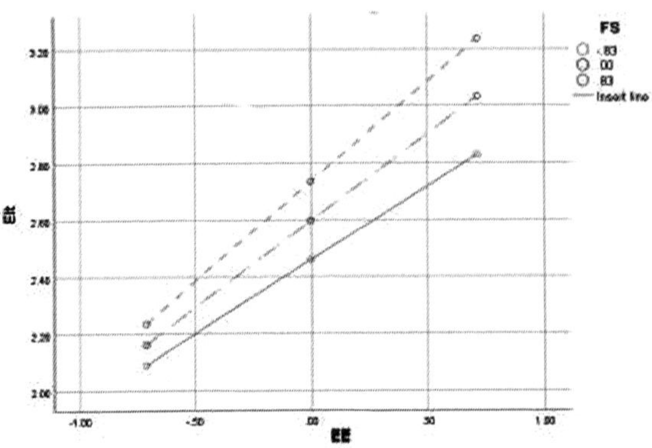

표 5.18 간접 창업 접촉과 가족 지원이 창업 의향에 미치는 상호작용 효과

	coeff	se	t	p	LLCI	ULCI
상수	2.55	.10	26.63	.00	2.36	2.74
가족 지원 (FS)	.64	.03	19.56	.00	.58	.71
간접 창업 접촉 (ECI)	.13	.04	3.04	.00	.05	.21
간접 창업 접촉과 가족 지원(**ECI×FS)**	**.12**	**.05**	**2.21**	**.03**	**.01**	**.22**
성별	-.04	.05	-.85	.40	-.15	.06
교육	-.09	.08	-1.11	.27	-.24	.07
연령	.03	.02	1.64	.10	-.01	.07
기술 획득 기회(TOS)	.06	.06	1.09	.28	-.05	.17
전공	.01	.01	.40	.69	-.02	.03

표 5.19 간접 창업 접촉과 창업 의향의 관계에 대한 가족 지원의 조절 효과

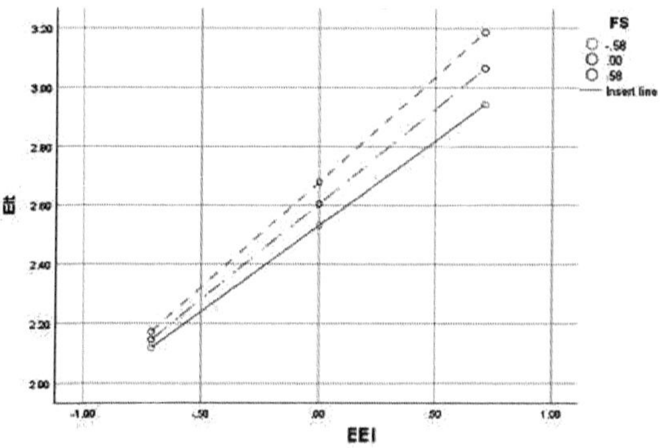

표 5.20 직접 창업 접촉과 가족 지원이 창업 의향에 미치는 상호 작용 효과

	coeff	se	t	p	LLCI	ULCI
상수	2.53	.09	26.86	.00	2.34	2.71
가족지원(FS)	.64	.03	20.36	.00	.58	.70
직접 창업 접촉(ECD)	.20	.04	4.99	.00	.12	.27
직접 창업 접촉과 가족 지원의 상호 작용 (ECD × FS)	**.12**	**.05**	**2.44**	**.02**	**.02**	**.22**
성별	-.03	.05	-.68	.50	-.14	.07
교육	-.04	.08	-.57	.57	-.20	.11
연령	.02	.02	1.17	.24	-.02	.06
기술 획득 기회(TOS)	.05	.06	.88	.38	-.06	.16
전공	.01	.01	.43	.67	-.02	.03

표 5.21 직접 창업 접촉과 창업 의향의 관계에 대한 가족 지원의 조절 효과

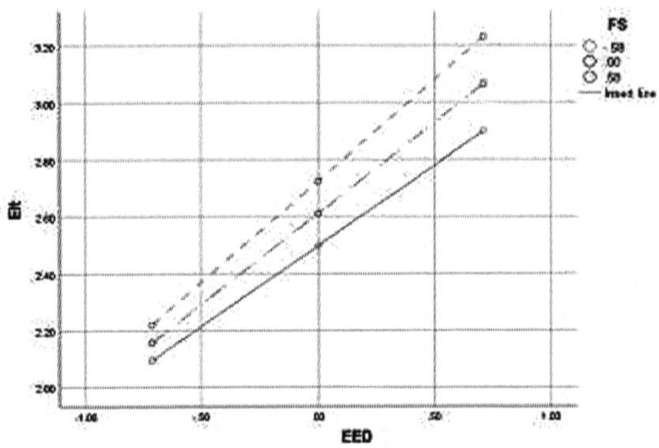

4. 조절된 매개 효과

창업 정체성의 매개에 대한 가족 지원의 조절 효과를 검증하기 위해 SPSS의 Process를 사용하고 Bootstrap 방법을 사용하여 몬테카를로 테스트 결과를 분석하고 얻었다. 최저값과 최고값 사이의 간격에 0이 포함되지 않으면 효과가 유의미하다는 것을 의미한다. 데이터 결과는 표 5.22에 나와 있다. 가족 지원은 창업 접촉과 창업 의향 간의 관계에서 창업 정체성의 매개를 조절하며, LLCI=0.04, ULCI=0.13이며 가설 7이 검증되었다.

가족 지원은 간접 창업 접촉과 창업 의향 간의 관계에서 창업 정체성의 매개를 조절하며, LLCI=0.02, ULCI=0.19이며 가설 7a가 검증되었다. 가족 지원은 직접 창업 접촉과 창업 의향 간의 관계에서 창업 정체성의 매개를 조절하며, LLCI=0.02, ULCI=0.19이며 가설 7b가 검증되었다. 따라서 가족 지원은 창업 접촉과 창업 의향 간의 관계에서 창업 정체성의 매개 효과를 긍정적으로 조절한다.

표 5.22 가족 지원이 창업 정체성 매개에 미치는 조절 효과

	Index	SE(Boot)	BootLLCI	BootULCI
EE×FS->EId->EIt	.09	.02	.04	.13
EEI×FS->EId->EIt	.11	.04	.02	.19
EED×FS->EId->EIt	.11	.04	.02	.19

5.5 연구 결과

본 연구는 총 19개의 가설을 제시하고, 이를 실증 분석 방법을 통해 하나씩 검증하였다. 구체적인 검증 결과는 표 5.23과 같다.

표 5.23 이론적 가설 검증 결과 요약

가설	내용	결과
H1	가족 지원은 대학생의 직접 창업 접촉과 창업 의향간의 관계에서 창업 정체성의 매개효과를 긍정적으로 조절한다.	검증
H1a	가족 지원은 대학생의 직접 창업 접촉과 창업 의향간의 관계에서 창업 정체성의 매개효과를 긍정적으로 조절한다.	검증
H1b	가족 지원은 대학생의 직접 창업 접촉과 창업 의향간의 관계에서 창업 정체성의 매개효과를 긍정적으로 조절한다.	검증
H2	가족 지원은 대학생의 직접 창업 접촉과 창업 의향간의 관계에서 창업 정체성의 매개효과를 긍정적으로 조절한다.	검증
H2a	가족 지원은 대학생의 직접 창업 접촉과 창업 의향간의 관계에서 창업 정체성의 매개효과를 긍정적으로 조절한다.	검증
H2b	가족 지원은 대학생의 직접 창업 접촉과 창업 의향간의 관계에서 창업 정체성의 매개효과를 긍정적으로 조절한다.	검증
H3	가족 지원은 대학생의 직접 창업 접촉과 창업 의향간의 관계에서 창업 정체성의 매개효과를 긍정적으로 조절한다.	검증
H4	가족 지원은 대학생의 직접 창업 접촉과 창업 의향간의 관계에서 창업 정체성의 매개효과를 긍정적으로 조절한다.	검증
H4a	가족 지원은 대학생의 직접 창업 접촉과 창업 의향간의 관계에서 창업 정체성의 매개효과를 긍정적으로 조절한다.	검증
H4b	가족 지원은 대학생의 직접 창업 접촉과 창업 의향간의 관계에서 창업 정체성의 매개효과를 긍정적으로 조절한다.	검증
H5	가족 지원은 대학생의 직접 창업 접촉과 창업 의향간의 관계에서 창업 정체성의 매개효과를 긍정적으로 조절한다.	검증
H5a	가족 지원은 대학생의 직접 창업 접촉과 창업 의향간의 관계에서 창업 정체성의 매개효과를 긍정적으로 조절한다.	검증
H5b	가족 지원은 대학생의 직접 창업 접촉과 창업 의향간의 관계에서 창업 정체성의 매개효과를 긍정적으로 조절한다.	검증
H6	가족 지원은 대학생의 직접 창업 접촉과 창업 의향간의 관계에서 창업 정체성의 매개효과를 긍정적으로 조절한다.	검증
H6a	가족 지원은 대학생의 직접 창업 접촉과 창업 의향간의 관계에서 창업 정체성의 매개효과를 긍정적으로 조절한다.	검증
H6b	가족 지원은 대학생의 직접 창업 접촉과 창업 의향간의 관계에서 창업 정체성의 매개효과를 긍정적으로 조절한다.	검증
H7	가족 지원은 대학생의 직접 창업 접촉과 창업 의향간의 관계에서 창업 정체성의 매개효과를 긍정적으로 조절한다.	검증
H7a	가족 지원은 대학생의 직접 창업 접촉과 창업 의향간의 관계에서 창업 정체성의 매개효과를 긍정적으로 조절한다.	검증
H7b	가족 지원은 대학생의 직접 창업 접촉과 창업 의향간의 관계에서 창업 정체성의 매개효과를 긍정적으로 조절한다.	검증

해당 연구에서 제시된 모든 가설은 경험적으로 검증되었으며, 그 결과는 연구의 이론적 기대와 일치한다. 따라서 각 변수 간의 관계가 검증되었다.

첫째, 경험적 테스트 결과에 따르면 개인적인 경험은 대학생의 창업 참여를 크게 향상시킬 수 있으며, 창업 접촉은 대학생의 창업 의향에도 뛰어난 영향을 미칠 것이다.

둘째, 창업 접촉이 창업 의향에 영향을 미칠 때, 실제로 감정적이고 심리적인 영향을 미친다. 이를 통해 대학생의 심리 상태와 감정이 개인의 창업 의향에 큰 영향을 미칠 것임을 알 수 있다.

셋째, 이 연구는 창업 정체성의 매개 효과, 가족 지원의 조절 효과, 가족 지원의 매개에 대한 조절 효과를 깊이 있게 연구한다.

이러한 테스트 결과에 따르면, 창업 정체성과 가족 지원은 창업 의향의 전체 형성 과정에 유의미한 영향을 미치는 것으로 입증되었다.

6장 연구 결론 및 논의

이 연구는 이전 연구자들이 수행한 일련의 연구와 탐구를 바탕으로 대학생들의 창업 의향 예측 요인, 특히 광시 좡족 자치구에 있는 대학생들을 심층적으로 탐구하였다. 정체성과 가족 요인의 관점에서 각각 창업 접촉이 창업 의향을 촉진하는 역할을 자세히 분석하고 탐구하며, 이러한 작용 메커니즘을 분석하였다.

이 장에서는 이 연구의 결론을 요약하고, 이 연구의 가치와 의의를 지직할 것이며, 아울러 이 연구의 한계와 향후 연구 방향에 대해서도 언급하겠다.

6.1 연구 결론

이 연구는 다음과 같은 네 가지 결론을 도출하였다.

1. 창업 접촉은 창업 의향에 유의미한 영향을 미쳤다. 회귀 분석 결과에 따르면 창업 접촉과 창업 의향은 유의한 양의 상관관계가 있음을 알

수 있다. 창업 접촉의 두 가지 차원인 직접적인 창업 접촉과 간접적인 창업 접촉은 모두 창업 의향에 유의한 양의 영향을 미치며, 이는 가설 H1, H1a 및 H1b를 검증하는 것이다.

크루거Krueger와 노리스Norris(1993)와 카Carr와 세퀴에라Sequeira(2006)의 연구에 따르면 창업 접촉은 개인 기업가 정신의 중요한 요소로 개인의 창업 의향 형성에 직접적인 영향을 미친다고 한다. 창업 접촉이 창업 의향에 미치는 영향은 주로 접촉이 개인에게 다양한 이상적인 역할과 행동 모델을 제공한다는 사실에서 나타난다. 이러한 모델 역할을 관찰함으로써 개인은 그들로부터 더 가치 있는 정보를 얻을 수 있고 모방 행동을 제공할 수 있다(Entrialgo & Iglesias, 2018). 더 많은 기회를 접근하고 식별할 수 있으며, 더 많은 혁신적인 자원을 탐색할 수 있다(Davidsson & Honig 2003). 기회를 식별하고 활용하는 능력을 향상시킬 수 있으며(Davidsson & Honig, 2003), 그 후 창업 활동과 기업가와 동일시하는 경향이 있으며, 또한 창업을 선택하려는 심리적 경향을 갖게 된다.

연구 결과에 따르면 창업 접촉은 대학생의 직접적인 창업 접촉과 간접적인 창업 접촉에 유의한 양의 영향을 미치는 것으로 나타났다. 이 결과를 통해 창업 접촉이 대학생들이 접촉을 의향으로 전환할 수 있음을 알 수 있다. 접촉의 유형과 창업 의향 간의 관계는 다르며, 간접 접촉이 직접 접촉보다 약간 더 유의미하다.

2. 창업 정체성은 창업 접촉과 창업 의향 간의 관계에서 매개 역할을 한다. 창업 접촉과 그 두 가지 차원은 창업 정체성에 유의한 양의 영향을 미친다. 이 연구에서 얻은 결과는 실제로 가설 H2, H2a, H2b를 확인하며, 팔크Falck 등(2012)이 얻은 결과와도 일치한다. 창업 접촉을 통해 개인

은 가치 있는 역할 모델의 전문적인 행동을 관찰하고, 자신의 실제 또는 미래의 능력과 관심사에 대한 인지 평가를 형성하며, 관찰된 전문 분야의 결과를 예상한다(Klumboltz, Mitchell, & Jones, 1976; Scherer & Adams, 1989). 개인은 또한 창업인 부모가 조성한 창업 환경을 활용한다. 이런 식으로 간접적인 경험을 얻을 수 있으며, 이는 정체성 심리학을 형성하고 창업가 정신에 대한 자신감을 강화하여 창업 욕구를 전달하는 데 도움이 된다(Matthews & Moser, 1995; Shapero & Sokol, 1982).

소규모 기업이나 신생 기업에 종사하는 개인은 비즈니스 기회에 접촉될 가능성이 더 많으며, 특정 직무나 산업에 필요한 비즈니스 인적 자본을 얻기 위한 충분한 실행 역량과 필요한 기술을 습득할 수 있다(MacMillan, 1986). 대기업에서 특정 업무에 전문가를 양성하는 것에 비해, 소규모 기업이나 신생 기업에서의 업무 경험은 기업가에게 적합한 일반적인 인재를 양성할 가능성이 더 높다(Gibb, 2002). 개인의 이전 창업 경험은 기업가에게 정보를 제공하며, 정보 처리를 통해 자신만의 독특한 창업 인지를 형성하고, 이를 통해 창업 기회 인식에 영향을 미친다(Farme, 1993).

자기 정체성 이론에 따르면 개인은 복잡하고 포괄적인 시스템이다(Marica, 1980). 회사를 창업하는 것은 창업가의 역할 정체성 변화를 포함한다(Hang and Jimeno, 2010). 개인의 역할 정체성 변화는 개인이 창업가의 역할에 더 잘 적응할 수 있도록 돕고, 이에 따른 행동을 유발한다. 따라서 다양한 차원의 창업 접촉은 대학생의 창업 정체성 강화를 촉진할 수밖에 없다.

또한, 창업 정체성은 창업 의향에 유의미한 긍정적인 영향을 미친다. 베살라이넨Vesalainen 등(2000)의 연구 결과를 H3를 통해 검증되었다. 창업 정체성은 창업 의향에 영향을 미치는 중요한 요인 중 하나다. 창업 역할 인식은 기업가가 창업 목표에 따라 안내받을 수 있도록 하여, 창업 활동에 적극적이고 능동적으로 참여할 수 있도록 한다.

실증적 결과를 통해 우리는 창업 정체성이 창업 접촉과 창업 의향 사이에서 매개 역할을 한다는 것을 알 수 있다. 이 결과는 또한 H4, H4a, H4b의 가정을 확인하였다. 한편으로, 창업 접촉은 대학생들이 필요로 하는 일련의 정보와 자원을 얻을 수 있게 해준다. 다른 한편으로는 창업가에게 정신적인 지원과 격려를 제공할 수도 있다. 이러한 두 가지 측면의 영향과 기능을 통해 잠재적 창업가는 창업 의향을 형성하고 얻을 수 있다.

창업 의향 형성 과정에서 대학생들은 창업가와 그들의 구체적인 창업 행동에 접촉된다. 그런 다음 대학생들은 창업가의 역할에 대한 인식을 갖게 되며, 동시에 일정한 역할 감정도 갖게 된다. 이성적 인지와 감성적 인지의 이중 효과로 인해 창업 의향이 형성된다. 대학생의 창업 정체성은 창업 접촉과 직접적으로 연관되어 있으며, 이 창업 정체성과 창업 접촉은 창업 의향에 영향을 미친다.

3. 가족 지원의 조절 효과

가족 지원이 창업 접촉과 창업 의향 간의 관계에 긍정적인 영향을 미친다는 결과가 도출되었다. 이는 가설 H6, H6a, H6b가 테스트를 통과했음을 의미한다. 이는 대학생들이 더 많은 가족 지원을 받으면 자신에 대한 긍정적인 평가를 더 많이 받을 가능성이 높고, 창업 인식과 능력을 강화하며, 창업 열정도 분명히 자극받을 것임을 의미한다(Chand and Ghorbani, 2011). 가족 지원의 강도는 잠재적 창업가의 창업 의향 증진에 유의미한 영향을 미친다. 가족 지원이 상대적으로 높으면 창업 접촉이 창업 의향에 더 큰 영향을 미친다. 가족 지원이 낮을 때는 창업 접촉이 창업 의향에 미치는 관련 영향이 적다.

가족 지원은 외부 자원의 보충으로서 잠재적 창업가가 직면하는 스트레스를 효과적으로 덜어주고, 향후 창업 과정에서 일과 가족 간의 갈등을 완화하며, 더 긍정적인 태도를 가지고 더 강한 창업 동기를 가질 수 있도록 한다. 따라서 가족 지원은 창업 접촉과 창업 정체성 간의 관계를 효과적으로 강화할 수 있으며 조절 역할을 한다. 가족 지원은 창업 접촉의 직접적인 경험과 창업 정체성 사이에서 조절 역할을 하는데, 즉 가족 지원이 높은 대학생은 창업 정체성에 긍정적인 영향을 미칠 수 있다. 대학생에 대한 가족 지원이 높을수록 창업 접촉이 창업 정체성에 미치는 긍정적인 영향이 더 커진다. 이 논문에서는 H5, H5a, H5b가 성립한다고 가정하고 있음을 알 수 있다.

4. 창업 정체성의 조정된 매개

개인의 창업 의향 생성은 하나의 특정 요인에 의해 영향을 받는 것이 아니라 여러 가지 다른 요인에 의해 영향을 받는다. 예를 들어, 외부 환경적 요인, 내부 정서적 요인 등이 있다. 따라서 창업 의향 형성에 영향을 미치는 요인과 그들의 구체적인 메커니즘에 대한 상세한 연구와 탐구를 수행하는 것이 매우 중요하다.

본 연구는 창업 접촉이 창업 의향에 미치는 영향에 대한 조절된 매개 효과 모델을 설정하고, 경험적 검증 방법을 통해 가족 지원이 창업 접촉과 창업 의향 간의 관계에서 창업 정체성의 매개 효과에 대한 조절 유의성을 가지는 것을 확인하였으며, 이는 가설 H7, H7a, H7b가 테스트를 통과했음을 의미한다. 이는 또한 가족 지원을 더 많이 받은 대학생의 창업 정체성을 통한 창업 접촉의 창업 의향에 대한 간접 효과가 더 유의미해질 것임을 보여준다. 가족 지원은 잠재적 창업가가 창업 인식을 명확히 내면화할 수 있도록 하고, 창업가들이 이 창업 역할을 더 긍정적으로 평가할 수 있도록 한다는 것을 알 수 있다.

6.2 시사점 및 기여

본 연구는 창업 경영 이론, 정체성 이론 및 관련 이론적 관점을 기반으로 정체성 관점에서 창업 의향 형성의 이론적 개념에 대한 심층적인 연구 및 분석을 수행하고, 이를 바탕으로 관계 모델을 구축하였다. 전반적으로, 이 연구는 다음과 같은 기여를 한다고 할 수 있다.

6.2.1 이론적 기여

첫째, 이 연구는 창업 의향에 대한 연구를 확장하고 심화시키는 동시에 창업 의향에 대한 창업 접촉의 메커니즘에 관한 관련 연구를 크게 촉진하였다. 현재 창업 의향의 독립 변수에 대한 연구는 기본적으로 개인적 특성, 문화적 요인 등 관련 요인의 메커니즘에 초점을 맞추고 있다(Kruger et al., 2000). 창업 역할 모델과 개인 경험적 관점에 대한 연구는 상대적으로 적다. 따라서 이 연구는 개인의 경험, 인지, 역할모델 효과, 가족 요인과 창업 의향 간의 관계에 초점을 맞추고, 창업 접촉이 개인의 창업 의향에 유의미한 긍정적인 영향을 미친다는 것을 제안하였다. 정체성의 관점에서 출발하여, 이 연구는 창업 접촉, 창업 정체성, 가족 지원이 창업 의향에 미치는 영향과 그 구체적인 영향 메커니즘 및 경로를 자세히 분석하였다. 이 연구는 창업 접촉과 창업 정체성이 개인의 창업 의향에 영향을 미친다는 것을 명확하게 언급한 최초의 연구다. 뿐만아니라, 이 연구에서는 창업 정체성의 매개 효과와 가족 지원의 조절 효과를 자세히 분석하고 설명하였다.

둘째, 이 연구는 창업 정체성에 대한 연구에 더 넓은 시각을 제공하였다. 이 연구에서는 창업 접촉과 창업 의향 사이의 창업 정체성의 매개 효과를 철저히 분석하고 상세히 설명하였다. 개인의 창업 활동에서 역할 정체성의 역할을 신중하게 연구하고 구체적으로 논의하였다. 개인의 자기 역할의 내면화 과정에 대한 심층 분석은 창업 정체성 증진에 따른 창업 의향 형성을 반영한다. 이 연구는 자기 정체성에 대한 포괄적인 연구와 분석을 수행하였다. 창업 접촉은 창업 정체성의 전달 기능을 사용하여 개인 자신의 창업 의향을 지속적으로 강화한다는 것을 알 수 있다. 이를 통해 창업 접촉과 창업 의향 간의 메커니즘에 대한 연구 분야와 범위가 더욱 확장되었다.

셋째, 이 연구를 통해 가족 요인의 영향을 포함하는 창업 의향에 대한 연구 모델이 도출되었다. 이 연구는 창업 접촉-창업 정체성-창업 의향 간의 관계에 대한 이론적 모델을 구축하였다. 이 모델을 구축함으로써 창업 의향에 대한 연구에 새로운 시각을 제공하였다. 특히 가족 지원의 조절 변수를 도입한 후에는 이론 모델에 영향을 받을 수 있는 일련의 조건 변수가 명확하게 결정됨을 알 수 있었다.

이 연구는 또한 창업 접촉과 창업 의향 간의 관계에서 창업 정체성의 매개 효과에 대한 가족 지원의 조절 메커니즘을 구체적으로 제시하였다. 이를 통해 가족 지원의 조절 기능이 성공적으로 검증되었다. 이 연구는 창업 의향에 대한 연구에 더 넓은 연구 아이디어를 제공하고 연구 분야를 확장하였으며, 동시에 창업 의향과 창업 접촉에 관한 관련 연구에 강력한 참조와 강력한 이론적 지원을 제공하였다.

6.2.2 실용적 시사점

마이코스Mycos가 발표한 '2018 중국 대학생 고용 보고서'에 따르면 대학생 창업 비율은 2.9%이다. 친용화, 장서신, 리룽전(覃永华, 张舒欣, 李龙振, 2019)은 한국에 있는 중국 학생들의 평균 창업 의향은 3.02%라는 것을 발견했다. 이 연구의 데이터는 광시 소수민족 지역 대학생들의 평균 창업 의향이 2.62%로 다른 대학생들에 비해 현저히 뒤처진다는 것을 보여준다. 이 연구는 대학생, 특히 소수민족 지역의 대학생을 구체적인 연구 및 분석 대상으로 삼고, 창업 접촉을 연구의 출발점으로 삼았다. 이 연구는 과거에 연구되었던 창업 정체성과 창업 의향의 요인을 통합한다. 동시에 가족 요인도 이 연구에 혁신적으로 도입되어 창업 의지의 메커니즘 모델을 성공적으로 구축하였다.

첫째, 연구 결과는 창업 활동 경험과 창업 역할 모델을 강화하여 이러한 요인이 대학생의 창업에 미치는 영향을 높일 것을 제안한다. 대학생은 시대의 흐름과 밀접한 관련이 있어 외부 환경에 매우 민감하다. 사회의 일부 고전적인 창업 활동과 더 전형적인 창업 역할 모델에 대해 더 민감한 인식을 가지고 있으며, 이러한 요인의 영향도 더 크다.

또한 대학생은 보통 상대적으로 높은 수준의 교육을 받고 있으며, 풍부한 전문 지식과 다양한 기술을 이미 습득하고 있다. 따라서 많은 대학생들은 창업을 통해 자신의 가치를 실현하고자 한다. 대학은 창업 역할 모델의 가장 큰 힘을 최대한 발휘할 수 있다. 예를 들어 대학은 정기적으로 유명하고 대표적인 기업가를 초청하여 강연을 하고, 대학생들과 소통하고 교류하며, 대학생들의 참여를 독려할 수 있다. 또한 새로운 회사에서 실습할 수 있는 활동이나 기회를 만들어줌으로써 대학생들이 더 많은 긍정적인 감정을 생성할 수 있도록 하고, 외부 동기 부여 요인을 내부 추진력으로 전환할 수 있도록 한다.

둘째, 연구 결과는 외부 환경의 취업 압박, 직업 선택의 전통적인 개념 등 여러 요인에 영향을 받기 때문에 대학생의 창업 정체성 개선에 주목할 것을 제안한다. 따라서 많은 대학생들은 창업 활동을 수행해야 하는지에 대해 망설이고 여러 요인을 고려한다. 예를 들어 감정, 시간과 에너지 등이 있다. 이는 대학생의 창업 의지에도 정도의 차이는 있지만 영향을 미칠 것이다. 이를 바탕으로 대학생의 창업 지식과 기술 개선뿐만 아니라 창업 정체성 개선에도 관심을 기울여야 한다. 대학생의 창업 역할과 창업 가치에 대한 인식과 평가의 정확성에 주목해야 한다. 또한 다양한 측면에서 대학생의 창업 정체성을 변화시키고 강화하는 것이 필요하다.

셋째, 다양한 관점에서 대학생들이 창업 활동을 수행하도록 장려하고 안내하는 정책과 조치를 마련하는 것이 중요하다는 것은 분명하다. 이렇게 하면 더 많은 대학생들이 창업에 대한 열정을 키울 수 있다. 또한 창업 의지를 강화하고 창업 능력도 향상시킬 수 있다. 정부 부처, 학교, 기업, 사회, 가족 등 다양한 세력이 하나로 뭉쳐야 한다.

우선 정부 부처는 대학생 창업을 장려하기 위해 재정 및 지적 지원 등 구체적인 정책적 지원과 조치를 제공하고, 우호적이고 건강한 제도적 환경과 발전 환경을 구축해야 한다. 둘째, 대학은 평소 교육에서 대학생들의 창업 능력 향상을 강화해야 한다. 이렇게 하면 대학생들이 창업 활동을 수행하는 데 탄탄한 이론적 기반을 마련할 수 있고, 어느 정도 대학생들의 창업 성공률을 높일 수 있다. 셋째, 기업은 자신의 기능을 최대한 발휘해야 합니다. 예를 들어 창업 경영 컨설팅, 투자 컨설팅 등 다양한 컨설팅 서비스를 제공할 수 있다. 넷째, 사회는 시의적절한 정책 홍보를 실시하고, 좋은 창업 분위기 조성에 노력해야 한다. 마지막으로 가족은 자영업보다 정기적인 취업을 장려하는 전통적인 이념의 족쇄를 깨야 한다.

6.3 연구의 한계

본 연구는 창업 접촉, 창업 정체성 및 창업 의향 간의 관계에 대한 모델을 성공적으로 수립하고, 이 모델을 기반으로 가족 지원의 조절 기능에 대해 포괄적이며 상세한 연구를 수행하였다. 최종적으로 얻은 연구 결과는 여러 면에서 의의를 가진다. 그럼에도 불구하고 이 연구는 여전히 더 탐구하고 개선해야 할 한계점이 있다.

첫째, 이 연구는 전공, 학년, 대학을 포괄적으로 고려하고 선택하지 않았으며, 전공, 학년, 대학별로 대규모 내러티브 창업 의향에 대한 차별화된 연구 및 분석을 수행하지 못했다.

둘째, 이 연구에서 사용된 연구 방법은 설문지 측정이다. 일련의 데이터를 설문 조사를 통해 수집하고, 이러한 데이터는 모두 응답자 자신이 응답한 것이다. 이러한 형태로 얻은 샘플 데이터는 통계적으로 데이터 편차와 오류가 발생할 가능성이 있다. 따라서 향후 연구 및 분석을 수행할 때 연구의 공통 방법 편차를 줄이기 위해 보다 효과적인 방법을 채택하여야 한다.

셋째, 깁슨(Gibson, 2004)의 창업 접촉 차원에 대한 소개에 따르면, 창업 접촉은 두 가지 측면이 있다는 것을 알 수 있다: 하나는 긍정적이고 다른 하나는 부정적이다. 그러나 실제 연구는 매우 복잡하기 때문에 결국 너무 많은 심층적인 탐구가 이루어지지 않았다.

6.4 향후 연구

첫째, 향후 연구에서는 다른 변수들이 연구 모델에 미치는 직접적인 영향을 다룰 수 있다. 이 연구에서는 창업 정체성의 매개 역할과 가족 지원의 조절 효과에 대한 체계적인 연구를 수행하였다. 향후 연구에서는 사회적 네트워크, 직업 가치관 등과 같은 다른 영향 변수를 탐색 및 분석 대상으로 사용해야 한다. 통제 변수 선택과 관련하여, 이 연구에서는 성별, 교육, 학년, 전공, 대학 유형의 다섯 가지를 선택하였다. 향후 연구에서는 창업 문화, 지리적 위치, 지역 경제 발전 수준과 같은 다른 통제 변수를 선택하여 추가 분석을 수행할 수 있다.

둘째, 향후 연구에서는 이 연구의 적용 가능성을 다른 그룹에서도 다룰 수 있다. 대학생 창업은 중요하지만 모든 그룹이 창업 정책과 창업 환경에 대해 동일한 인식을 가지고 있는 것은 아니다. 따라서 향후 연구를 수행할 때는 기술 인력, 기술 중등학교 졸업생, 신세대 이주 노동자, 유학생 등 더 많은 다른 그룹을 대상으로 해야 한다. 왜냐하면 다른 그룹은 인지 모델과 사고 모델에 큰 차이가 있다는 것을 의미하기 때문이다. 이렇게 하면 창업 의향에 대한 연구가 풍부해지고 보다 체계적일 수 있다.

셋째, 향후 연구에서는 창업 접촉이 창업 의향에 미치는 부정적인 영향을 다룰 수 있다. 현실에서는 사업 실패가 흔하다. 따라서 설문 응답자의 관점에서 보면, 성공한 창업가들에게 둘러싸여 있을 뿐만 아니라 실패한 창업가들도 있다. 실패한 창업 접촉이 개인의 창업 의향 형성에 어떤 영향을 미치는지, 그리고 부정적인 영향을 미치는지 여부는 더 연구하고 탐구해야 할 문제이며, 창업 접촉이 창업 의향에 미치는 영향에 대한 보다 포괄적인 결론을 모색해야 한다.

중국 대학생의 창업접촉과 창업의향

2025년 12월 20일 초판 1쇄 발행

지은이　覃永华(Qin Yonghua)
펴낸이　유정환
펴낸곳　도서출판 고두미
등록 2001년 5월 22일(제2001-000011호)
충북 청주시 상당구 꽃산서로8번길 90
Tel. 043-257-2224 / Fax. 070-7016-0823
E-mail. godumi@naver.com
165 千字

ISBN 979-11-91306-86-6　93330

※ 저저와 협의하여 인지를 생략합니다.
※ 책값은 뒤표지에 표시하였습니다.
※ 잘못 된 책은 구입한 곳에서 바꾸어 드립니다.